Zeit für Cornwall

Englands Südwesten entdecken und genießen

Hartmut Pönitz

BRUCKMANN

Inhalt

1

2

Good Old England
Willkommen im Land der Küsten, Gärten & Historie 6

Lust auf Meer
Der Südosten 10

»Popular with visitors since 1066«
Ankommen: von Dover über Hastings nach Rye 12

Ein Eden am Meer
Eastbourne: First-Class-Seebad an der Fünf-Sterne-Küste 16

Flaggschiff des maritimen England
Portsmouth, Lord Nelson und etwas Weltgeschichte 22

Das »Madeira Großbritanniens«
Die Isle of Wight – England im Kleinen 26

Wo der Mensch zum Strandgut wird
Dorset 30

Wo London recycelt wurde
Die Isle of Purbeck, von Globetrottern empfohlen 32

Wandern mit Weitblick
Per pedes Richtung Weymouth 38

Weltnaturerbe der Extraklasse
Die Jurassic Coast: ein Ferien- und Fossilienparadies 44

Schöne Wildnis und ein Platz an der Sonne
Devon 50

Kathedralen aus der Hand der Natur
Augenblicke zwischen Sidmouth und Exeter 52

Der Elefant auf dem Bowling Green
Die »Englische Riviera« an der Tor Bay 58

Schick, idyllisch und hoch historisch
Ein Lieblingsort in England? Dartmouth! 64

Freibeuters Wohlfühloasen
Plymouth, Francis Drake und das Dartmoor 70

Raue See an sanfter Küstenlandschaft
Von Ilfracombe durch Nord-Devon 78

Die Ruhe vor dem Sturm
Clovelly und Hartland Quay – Museales und wilde Natur 86

Einsame Spitze(n) am Ende der Welt
Cornwall 90

Drei Publikumsmagnete für Cornwall
Lanhydrock, der Heligan-Garten und das Eden Project 92

Daphnes Liebe auf den ersten Blick
Fowey und Polperro – Piraten und Schmuggler 100

Die kornische Riviera
Von Mevagissey die Küste entlang bis Falmouth 106

4

5

Durch Gärten und von Bucht zu Bucht
Kontraste auf der Lizard-Halbinsel 110

Festung und mystische Pilgerstätte
Der St. Michael's Mount an der Mount's Bay 118

Die Verkannte und die Umbenannte
Penzance und Mousehole 124

Spektakel unter freiem Himmel
Minack Theatre, Karibikstrand, Logan Rock 128

Endstation. Nächster Halt: Amerika
Land's End und Cape Cornwall – die westlichsten Punkte 132

Künstlerdorf mit Strandleben
St. Ives – Seafood, Pasties und magisches Licht 136

Abenteuer und relaxen mit Meerblick
Elf Strände rund um Newquay 144

Felsküste, Strandpausen und Seafood
An der Küste entlang nach Padstow 150

Einfach (Artus-)sagenhaft!
Tintagel und Boscastle 154

Urlaub als »Living History«
Wiltshire und Somerset-Avon 158

Mythen, Menschenwerk und Naturkräfte
Glastonbury, die Kathedrale von Wells und Cheddar 160

Glaube und Gärten als Lebenselexier
Salisbury, Stonehenge und Stourhead 166

Zu den Quellen des luxuriösen Lebens
Bath und der Kennet-und-Avon-Kanal 174

Zu Gast in Englands Südwesten 182

Praktische Reiseinformationen 184

Register 190
Impressum 192

1 »Steinzähne« in Hartland Quay, Nord-Devon. **2** Selbst Dinos suchen an der Jurassic Coast nach Fossilien. **3** Blick aus dem Hotelzimmer in Sidmouth. **4** Cream Tea – das süße Pendant zu Fish & Chips. **5** Osbourne House auf der Isle of Wight.

Die Empfangshalle des Camelot Castle in Tintagel, mit großem Tisch für eine Tafelrunde. Das Hotel liegt landschaftlich überaus reizvoll und von den Zimmern aus hat man einen herrlichen Blick aufs Meer.

Good Old England

Willkommen im Land der Küsten, Gärten & Historie

1

»Wir wollen im Sommer für zwei Wochen Urlaub nach Cornwall. Wo ist es da besonders schön, was muss man denn auf jeden Fall gesehen haben?« So oder so ähnlich werden langjährige Englandreisende oft angesprochen. Besonders schön an Cornwall ist auf jeden Fall, dass der Urlauber erst einmal hinkommen muss! Schon während der Anreise, auf den 460 Kilometern von Dover bis zum Beispiel zur Tamar-Brücke in Plymouth, geht es an so vielen malerischen und geschichtlich interessanten Orte vorbei, dass klar wird: Zwei Wochen Urlaub reichen sowieso nicht. Zum Glück gibt es ein nächstes und übernächstes Jahr.

Das Gros der Besucher stellen die Insulaner selber, für die es zu einem guten Gefühl im Urlaub gehört, sich an ihre phasenweise glorreiche Geschichte erinnern zu lassen. Portsmouth und Plymouth stellen die Bühnen, auf denen auch in Zukunft die seefahrerischen Heldengeschichten von Lord Nelson und Francis Drake erzählt werden. Beide gehörten zum Typus der seefahrenden Gärtner, die mit ihrer persönlichen Lebensgeschichte ein Stück weit die Weltgeschichte beeinflusst haben.

Der Name Cornwalls soll sich aus der angelsächsischen Bezeichnung *kernweahlas* herleiten. Wie sicher ist das eigentlich? Wissenschaftliche Fakten bilden oft nur Momentaufnahmen, 30 Jahre später glaubt man sich schon wieder klüger. Wales und Cornwall sollen keltische Kultur repräsentieren, dabei ist die Keltologie eine noch sehr junge Wissenschaft. Es gibt auch Forscher, die sich sicher sind, dass nur wenige Kelten auf die Insel übergesetzt haben und diese keinen großen Einfluss hatten. Vielmehr soll sich eine keltenähnliche Kultur in Britannien, unabhängig und zeitversetzt vom Kontinent, entwickelt haben.

Tausende Geschichten über tausende Jahre Historie – Stonehenge ist Zeuge – hat das Land zu erzählen. Südengland ist unglaublich abwechslungsreich, das Reisen bildet den, der es zulässt, ganz nebenher. Man spürt es erst, wenn man zum Beispiel nach einer kurzen Wanderung irgendwo auf einem Hügel sitzt, sein Cheddar-Sandwich kaut, in die weite Landschaft schaut und Zeit hat, die Urlaubseindrücke auf sich wirken zu lassen. Insbesondere am Meer, da darf auch der Himmel gerne mal grau sein. In England muss das vielzitierte »Seele baumeln lassen« nicht erst geübt werden. Landschaftserlebnisse in Kombination mit der aufgeschlossenen aber zugleich zurückhaltenden Art der *Englishmen*, spenden den Raum, in dem der Urlauber Luft holen kann. Neben seinen Landsitzen und Dörfern zwischen grünen Hügeln bringen auch zahlreiche Seebäder Urlauber zum Schwärmen. Und die Engländer sowieso: »Glauben die Leute allen Ernstes, sie seien auf der Höhe der Zeit? Außerhalb Englands zu baden!«, schrieb bereits vor 200 Jahren die Literatin Jane Austen an ihren Bruder, als dieser in Mecklenburg weilte. England ist ein Ziel für Familien- und Strandurlaube. Das Meerwasser ist nicht wärmer als 15 Grad? Und wenn schon, im Neoprenanzug ist das nicht kalt!

Atemberaubende Steilküsten, türkisfarbenes Meer, weiße Cottages in lieblicher, grüner Landschaft, Hecken und offene Oldtimer, pittoreske Fischerdörfer, imposante Herrensitze, wilde Moorlandschaften – natürlich ist das in Cornwall alles vorhanden, sonst könnte es in den Verfilmungen der Rosamunde-Pilcher-Romane nicht gezeigt werden. Pilcher ist gut für Cornwall! Jedes Jahr reisen rund 250 000 Deutsche in die Region, auf die die Tourismusbranche nicht mehr verzichten möchte. Frau Pilcher und der verantwortliche Redakteur beim ZDF, der die Sonntagabend-Reihe 1993 aus der Taufe hob, wurden mit dem British Tourism Award ausgezeichnet, bereits 2002. Interessanterweise ist Rosamunde Pilcher in England selber, jenseits von St. Ives, wo sie aufgewachsen ist, fast nicht bekannt. Man begann sich erst für sie zu interessieren, als plötzlich deutsche Filmcrews vor Ort auftauchten, die zu Dreharbeiten unter anderem pompöse Landsitze für viel Geld anmieteten.

Cornwall ist jedoch auch eine der ärmsten Regionen Europas. Viele Sozialhilfeempfänger kennen den Begriff der »Heizölarmut« nicht nur aus der Zeitung. Dies wiederum prädestiniert Cornwall zum Empfänger von Unterstützungsgeldern aus EU-Fonds. Kornische Regionalpolitiker plädieren mit Sicherheit nicht für einen Austritt Englands aus der EU. Die traditionellen Erwerbszweige Fischerei, Landwirtschaft und Bergbau bieten den jungen Men-

3

4

5

schen in Cornwall nicht mehr genügend Arbeitsplätze. Lange Jahre hat der Tourismus mehr oder weniger alleine die »Fahne hochgehalten«. Nun kommt der Mut machende Umbau zur Wissens- und Dienstleistungsgesellschaft hinzu. Firmen aus dem Londoner Raum lagern ihre Verwaltung nach Cornwall aus. Noch wichtiger aber sind die hochqualifizierten Ausbildungs- und Arbeitsplätze im Bereich der Forschung und Innovation. Die Universität von Falmouth leistet einen großen Beitrag. In Kooperation mit weiteren Unis in Devon sorgt sie dafür, dass junge, geistig fitte Menschen einer adäquaten Beschäftigung in ihrer Heimat nachgehen können. Das tagtägliche Erlebnis der fantasti-

1 Lieber, alter Esel im Donkey Sanctuary bei Sidmouth. **2** Sonnenuntergang am Morte Point bei Ilfracombe. **3** Bluebells, Glockenblumen, in Lanhydrock. **4** »Monks« – ein Pub in Portsmouth. **5** Was kümmert's die königliche Eiche, wenn der Hund sie ankläfft?

1 Biome des Eden Project. **2** Im »Eden« gibt es viele pfiffige Ideen zu bestaunen. **3** Holzstege führen durch die Lost Gardens of Heligan. **4** Dampflok über Strandhütten am Goodrington Beach bei Paignton. **5** »The Hoe« in Plymouth – ein Tummelplatz für die ganze Familie.

schen Natur hilft selbstverständlich auch den Kreativköpfen vor Ort, genauso wie den Urlaubern, ihren Akku aufzuladen.
Vermutlich sollte das viel kritisierte, aber spektakuläre »Eden Project« bei St. Austel unter diesen Gesichtspunkten betrachtet werden. Rein finanziell ein »Fass ohne Boden«, aber als Kulisse in einer Sequenz des James-Bond-Streifens »Stirb an einem anderen Tag« und als Aufmacher vieler Publikationen wurde es einer der Besuchermagneten des Landes: Nummer drei nach dem Riesenrad London Eye und dem London Tower. Das Gartenprojekt mit den überdimensionierten Gewächshäusern zieht auch den Londoner nach Cornwall, der sonst einfach ein paar Tage mit dem Billigflieger nach Mallorca reist.
Apropos Gärten: Anhand seiner Gärten und vor allem der Rahmenbedingungen, die zu ihrer Gestaltung führten, lässt sich ein Großteil der faszinierenden Vielfalt Südwest-Englands erzählen. Sie werden nicht nur von Gruppenbusreisenden auf Rosamunde

4

5

Pilchers Spuren angesteuert, sondern bieten der ganzen Familie ihren Spaß. Die Kinder finden Platz zum Toben – überhaupt ist England sehr kinderfreundlich – und die Eltern lesen die Geschichte des Gartens und die Vita der Besitzer nach, darunter viele exzentrische und berühmte Charaktere, die zum Schmunzeln bringen, denn England ist ein Land mit vielen »schwarzen Schafen«, die daran erinnern, dass sich in der eigenen Familie ebenfalls solche Exemplare finden. Die Gärten wurden u. a. angelegt oder gepflegt von Seefahrern und Freibeutern wie Francis Drake in Buckland Abbey, von Bankiers wie der Familie Hoare in Stourhead oder von Aristokratenfamilien wie den Agar-Robartes in Lanhydrock. Beeindruckende Pflanzen und Ideen wurden in diesen Gärten gesammelt, die wiederum die Besucher zu Veränderungen in ihrer jeweiligen Heimat inspirierten.
Hochranginge Persönlichkeiten trafen sich im Laufe der Jahrhunderte auf ihren Landsitzen mit Gärten zu Gesprächen, in denen zum Teil weitreichende Entscheidungen fielen. Wer sich heute als Urlauber einen schönen Tag in einem facettenreichen englischen Garten gönnt, begibt sich beiläufig auf eine Entdeckungsreise durch ganz Südwest-England, mit Abstechern in die Weltgeschichte.

Lust auf Meer
Der Südosten

Angekommen. Die Kreidefelsen bei Dover.

1

2

3

4

»Popular with visitors since 1066«

Ankommen: von Dover über Hastings nach Rye

Urlaub sollte mit dem Zuziehen der eigenen Haustür beginnen. Ein Englandurlaub fängt spätestens dann an, wenn die berühmten Kreidefelsen bei Dover in Sicht kommen, was die Passagiere auf den Fähren an die Reeling stürzen lässt. Smartphones werden gezückt, man fotografiert sich gegenseitig vor dem im Hintergrund aufragenden Dover Castle. Spätestens in Rye ist man bereits mit dem Reiseziel per du.

Mit zu großer Selbstverständlichkeit sollte man diese Situation besser nicht erwarten, das könnte in Enttäuschung münden. »Nebel über dem Kanal, Kontinent abgeschnitten.« Diese lustige Titelzeile einer Zeitung aus den 1920er-Jahren lässt einerseits schon ahnen, mit welchem Wetter auch gerechnet werden muss und andererseits tief blicken, wie es um die Psyche des Volkes auf der Insel bestellt sein muss. Relativ selbstbewusst lebte man über Jahrhunderte in der relativen Sicherheit einer hervorragenden Isolierung, der *Splendid Isolation*. Der Kanal hielt den Kontinent auf Distanz. Spannend wird es im eigenen Fahrzeug beim Verlassen des Hafens. Immer schön links fahren. Die ersten Tage ist das alles kein Problem, solange die Aufregung zur Konzentration zwingt. Kritisch wird es erst, wenn sich Routine einschleicht, wenn man die beruhigte Haltung einnimmt, man hätte sich an das Fahren auf der »falschen« Seite gewöhnt. In Verkehrssituationen ohne andere Fahrzeuge, die nämlich zur Orientierung dienen, driftet der Kontinentale instinktiv schnell mal auf die »richtige« Seite. Folge: eine Art Stakkato-Lichtgehupe der entgegenkommenden Fahrzeuge. Nicht so schlimm, die Einheimischen sind Besucher in der Region zwischen Dover und Hastings seit 2000 Jahren gewöhnt – und auf einige hätte man wohl auch gut verzichten können. Die ersten waren die Römer, die ihrerseits von den Angelsachsen vertrieben wurden (siehe Einleitung). Die Angelsachsen mussten den Normannen unter Wilhelm dem Eroberer weichen, dann ließ sich rund 500 Jahre später die spanische Armada mal kurz blicken. Nochmal gute 220 Jahre später stellte sich Napoleon lediglich als theoretische Bedrohung dar, im Gegensatz zu der Fracht, die Hitlers Flugzeuge abwarfen. Den Hafen von Dover zu verlassen, ist auch deshalb spannend, weil das Straßensystem an der Erdoberfläche auf dem Tunnelsystem liegt, das man aus Sicherheits- und Verteidi-

1 Ankunft in Dover – immer wieder ein Erlebnis. **2** Das Bodiam Castle nordwestlich von Rye. **3** In Hastings hat ein Schotte erste TV-Experimente durchgeführt. **4** Die berühmte Mermaid Street in Rye.

1 Leseraum mit Kamin in Jeake's House. **2** Edel eingerichtete Suite. **3** Der Speisesaal von Jeake's House – klein, aber fein.

gungsgründen in den weichen Kalkfelsen unter dem Castle gegraben hat. Hier hatte Premierminister Winston Churchill mit seinem Kommandostab während des Zweiten Weltkriegs eine bombensichere Zentrale, von der aus 1940 zunächst die Evakuierung der Alliierten Truppen in Dünkirchen organisiert wurde, später dann die Landung in der Normandie und natürlich auch die Verteidigung Südenglands gegen die deutschen Luftangriffe während *The Blitz* von 1940/41. Auf den 83 Kilometern von Dover nach Hastings durchquert der Autofahrer die Romney Marsh, eine Landschaft von einer Flachheit, die teilweise im negativen Bereich liegt, d.h. unter Meeresniveau. Die Region steht offiziell unter Naturschutz, was aber nicht davon abhalten konnte, im »Nature Reserve« einen Truppenübungsplatz anzulegen und sogar ein Kernkraftwerk in die Landschaft zu bauen. So viel Kraft produzierte es im Kern dann aber doch nicht, mehrere Störfälle wirkten hinderlich und 2009 nahm man es wieder vom Netz. Im Geschichtsunterricht oder auch in Englisch hören deutsche Schüler von der *Battle of Hastings*, dabei fand die gar nicht in Hastings statt, sondern in Battle. Hier standen sich im Oktober 1066 die Heere von William aus der Normandie, einem Franzosen mit Wurzeln bei den Nordmännern in Dänemark, und dem angelsächsischen König Harold gegenüber. Harald II. hatte offenbar in Taktikschulung nicht genau aufgepasst, machte auf dem Schlachtfeld einen entscheidenden Fehler und verlor. Hastings wurde im 12. Jahrhundert führender Hafen der »Cinque Ports« (siehe Einleitung) – die Sprache der Herrschenden war damals das Französische – dem Zusammenschluss von fünf Hafenstädten, die dem König unter anderem Schiffe zur Verteidigung der Küstenlinie stellen mussten, wofür diese wiederum mit Privilegien ausgestattet wurden. Auch Rye gehörte zu diesen fünf mächtigen Hafenstädten, die ihren Einfluss im 16. Jahrhundert allmählich verloren, als die Häfen versandeten. Heute liegt Rye atmosphärisch herrlich auf einem Hügel und fast drei Kilometer im Inland. Man könnte Rye als Puppenstubenstadt bezeichnen, was aber eigentlich zu negativ klingt. Rye ist unbedingt sehenswert, einen halben Tag sollte man mindestens einplanen, dieses pittoreske Ensemble aus Fachwerk, Blumen und Kopfsteinpflaster auf sich wirken zu lassen. Die bewundernswerteste Straße ist die Mermaid Street. Das wunderschöne Katzenkopfpflaster scheint extrem widerstandsfest zu sein (oder schon mehrfach erneuert), sonst müsste es von den Besuchermassen und Autos längst abgenutzt sein. Einen gab es, dem war Rye viel zu schön: Edward Burra, surrealistischer Maler mit Wohnsitz in

Rye, hielt das Groteske satirisch fest. Burra war genervt von Touristen, die durch die Fenster glotzten. Er »begrüßte« sie hin und wieder, indem er als Teufel verkleidet an die Fensterscheiben sprang, auf dem Kopf Hörner aus Karton und zwischen den Zähnen ein Stück rohe Leber.

Wer von oben in die Mermaid Street einbiegt, trifft nach wenigen Metern rechts auf den vielbeschriebenen, urigen Pub »The Mermaid Inn«, der 1420 auf noch älteren Fundamenten wieder aufgebaut wurde. Rund 70 Meter die Straße weiter hinunter auf der linken Seite – man ist schnell daran vorbeigegangen – hängt ein Metallschild mit der Aufschrift »Jeake's House« an der Fassade. Hinter dem recht unscheinbaren Eingang verbirgt sich nichts weiter als ein außergewöhnlich elegantes Fünf-Sterne-B & B. Das Haus war ursprünglich 1689 von der puritanischen Familie Jeake als Wollelager gebaut worden. Zwischenzeitlich wurde es abgerissen und wieder aufgebaut, bis der amerikanische Pulitzer-Preisträger Conrad Aiken es dann 1924 kaufte, der es auch bewohnte und sich von berühmten Zeitgenossen wie Paul Nash oder T.S. Eliot besuchen ließ. Die heutige Besitzerin, Jenny Hadfield, hat »Jeake's House« mit viel Liebe zum Detail eingerichtet und jeden Raum individuell gestaltet. Traditionelle Eleganz verbindet sich dank Jenny nun mit modernen Annehmlichkeiten. Sensationell und »very british« präsentiert sich die Bar!

Zeit für 1066-Country

Anreise und Verbindungen

Flug: Prinzipiell kann man von beinahe überall her mit den sogenannten Billigfliegern nach London anreisen. Von dort geht es dann mit dem Leihauto oder Bus und Bahn weiter nach Rye. Sowohl Busstation wie Bahnhof sind unterhalb des Hügels vorhanden. Eine gute Suchmaschine für Flüge heißt www.checkfelix.com
Auto: Mit dem eigenen Auto fährt man in einer gemütlichen Stunde von Dover bis Rye.
Beste Reisezeit: Ganzjährig, aber wer wählen kann, sollte die Hauptsaison meiden und lieber bis Juni oder dann wieder ab Oktober reisen. In den Wintermonaten sind Übernachtungen wesentlich preisgünstiger.

Sehen und Erleben

Dover, Dover Castle und da vor allem das Tunnelsystem unter dem Castle für das bereits ab dem 13. Jahrhundert gegraben wurde.
Bodiam Castle – nordwestlich von Rye. Ein Bild von einer Burg mit Wassergraben. Sie wurde im 14. Jh. als Festung gegen immer wieder einfallende Franzosen gebaut. In ihrer schönen Umgebung können Kinder sich austoben. Einige Türme darf man besteigen, die Aussicht lohnt sich. Die Burg wird vom National Trust verwaltet. Mitte Febr.–Okt. tgl. 10.30–17 Uhr, Nov.–Dez. Mi–So 11–16 Uhr, Jan.–Mitte Febr. Sa/So 11–16 Uhr, www.nationaltrust.org.uk/bodiam-castle/
Rye – Minimalprogramm: Man geht durch die Lion Street zur Pfarrkirche St. Mary's und dann weiter zum Rye Castle Museum (Apr.–Nov. 10.30–17 Uhr, www.ryemuseum.co.uk). Anschließend flaniert man über die Mermaid Street, die schönste Straße von Rye, in der sowohl der Pub »The Memaid Inn« als auch »Jeake's House« liegen.

Unterkunft

Jeake's House – mittlere bis gehobene Preisklasse, aber trotzdem preiswert (Nov.–März Preisnachlässe). Sehr elegante Unterkunft, alle Zimmer geschmackvoll mit Antiquitäten und viel Liebe zum Detail eingerichtet. Sehr freundliche Gastgeber. Mermaid Street, Tel. +44 17 97 22 28 28, www.jeakeshouse.com
Four Seasons – günstige Preisklasse, gute Zimmer, z. T. mit schönem Ausblick, Garten und auch zuvorkommende Gastgeber. 96 Udimore Road, Tel. +44 17 97 22 43 05, www.ryesussex.co.uk/directory/312/four-seasons

Restaurants

The Mermaid Inn – gehobene Preisklasse, schräg oberhalb von Jeake's House, atmosphärischer Pub von 1420, vermietet auch Zimmer. Mermaid Street, Rye, East Sussex, Tel. +44 17 97 22 30 65, www.mermaidinn.com
Gasparutti's – günstige Preisklasse, italienische Küche & Pizza unter 10 £. 8–10 Market Road, Rye. Tel. +44 17 97 22 74 67.

Informationen

Tourist Information: 4/5 Lion Street, Rye, East Sussex, TN 31 7LB, Tel. +44 17 97 22 90 49
www.visit1066country.com

1

2

3

4

Ein Eden am Meer

Eastbourne: First-Class-Seebad an der Fünf-Sterne-Küste

Eastbourne gilt als Grand Old Lady der Seebäder. Dabei ist die Dame noch gar nicht so alt und in der Region verwurzelt. Innerhalb von nur zehn Jahren wurde der Badeort ab 1861 an der fünf Kilometer langen Strandpromenade höchst erfolgreich »in den Sand gesetzt«, mitsamt Hotels und prächtigem Pier.

Der herrliche Kieselstrand mit kleinem Fischerdorf existierte selbstverständlich schon vorher und wurde auch besucht, aber erst mit dem Anschluss an das Eisenbahnnetz brachte der Besucherboom ernsthaftes Geld ins Dorf. Bereits 1883 war die Einwohnerzahl auf 30 000 angewachsen. In den Jahrzehnten zuvor kamen unter anderem auch regelmäßig die berüchtigten *pressgangs*, Rekrutierungstrupps der Navy, in das Fischerdorf. In den Pubs »überredeten« sie zu vorgerückter Stunde junge Männer zur Unterschrift bei der Kriegsmarine und nahmen sie dann auch gleich mit. Und noch ein »Rohstoff« der Region fand auf See Verwendung: Die Auftragsbücher der Zimmermänner müssen gut gefüllt gewesen sein, denn der Baumbestand wurde so gut wie komplett abgeholzt. Es galt, die *men-o'war*-Kriegsschiffe für Lord Nelson & Co. zu bauen. Noch heute wirkt die Region um Eastbourne relativ kahl. In der Folge erwies sich das inzwischen mondäne Strandbad als höchst attraktiv für die gehobene Gesellschaft. Der Dichter George Bernard Shaw stieg regelmäßig im Grand Hotel ab, Charles Dickens suchte Erholung von Krankheiten und der Mathematiker Charles Lutwidge Dodgson suchte nach kleinen Mädchen. Eine ganz spezielle Geschichte. Bekannt wurde Mr. Dodgson auch unter dem Namen Lewis Carrol, den er als erfolgreicher Autor trug, wobei Mr. Dodgson, alias Carrol, auch einer der ersten Fotografen war, der Fotografie als Kunstform begriff. Alles ist miteinander verwoben. Als Lewis Carrol schrieb er – so wird spekuliert – zeitweise im Drogenrausch den Roman »Alice im Wunderland«. Und zwar inspiriert von einem Mädchen namens Alice Lidell, die er auch porträtierte. Überhaupt porträtierte er gerne zehn- bis zwölfjährige Mädchen, und zwar am liebsten nackt, aber mit Genehmigung der Eltern. Auf die Pirsch nach neuen Modellen machte er sich am Strand von Eastbourne. Oft bekam er die Erlaubnis der Eltern auch nicht und mehrere Eltern wendeten sich früher oder später von ihm ab. Man vermutet eine pädophile Neigung bei Mr. Carrol, dessen

1 Wer sich zu nah an die Kante wagt ... **2** ... den bestraft hin und wieder das Leben. **3** Gemütliche Ledersofas in »The Star Alfriston«. **4** Traumblick auf die Seven Sisters westlich von Eastbourne.

1

2

3

Mädchenfotos ohne Kleidung im Viktorianischen Zeitalter nicht einmal völlig ungewöhnlich waren, da viele Künstler, auch Maler, nackte Mädchen als Motive nutzten.
Wer reist eigentlich heutzutage nach Eastbourne? Alle! Ältere Herrschaften, die es ruhig angehen lassen wollen, Familien, denen der Sinn nach Strandurlaub und/oder Aktivurlaub steht und auch jüngeres Publikum, das zum Beispiel wandern gehen oder Kultururlaub machen möchte. Die Umgebung hat so viel zu bieten, dass es sinnvoll ist, sich in oder bei Eastbourne ein Quartier zu suchen, um von dort Ausflüge zu unternehmen. Im Vergleich zu dem nur 40 Kilometer entfernten Brighton wirkt Eastbourne einfach gemütlicher und aufgeräumter. Sehr sauber, mit vielen gepflegten Anlagen und großer Blumenpracht. Die unvermeidliche Spielhölle, die tatsächlich in jedem Seebad zu finden ist, hat man in den Gebäuden des Piers versteckt. Trotzdem lohnt sich ein Bummel auf der Holz- und Stahlkonstruktion. Wie sonst soll der Besucher sein schönes Souvenirfoto vom Seebad in voller Breite machen?
Friedrich Engels, der mehrere Sommerferien in der Region verbrachte, gefiel Eastbourne so gut, dass er beschloss, für immer

4

5

6

1 Es bricht auch gerne mal der Boden weg. **2** Eastbourne: Promenade mit Pier. **3** Das Seebad in seiner ganzen Pracht. **4** Eastbournes Pier ist 300 m lang und von 1872. **5** Ab Mai hat Eastbourne auch ein Blumenmeer. **6** Ein toller Platz für einen Sundowner mit Blick auf den Pier.

zu bleiben. Seine Asche wurde von Freunden bei Beachy Head ins Meer gestreut. Die Bezeichnung leitet sich vermutlich von dem normannischen Ausdruck *beau chef* ab, was soviel heißt wie »schöner Kopf«. Rund 170 Meter geht es an der Stelle senkrecht hinunter ins Meer, zumindest wenn die Flut daran arbeitet, den Fels weiter auszuspülen und ihn damit instabiler macht. Bei Ebbe schlägt man unten auf dem Kieselstrand auf, was im Endergebnis keinen Unterschied macht, wie die zahlreichen Kreuze wenige Meter vor der Kliffkante dokumentieren. Beachy Head ist eines der höchsten Kliffs an der gesamten Kanalküste und in Selbstmörderkreisen dementsprechend beliebt. Wanderer sollten vorsichtig sein, besonders am Morgen, wenn der Nebel noch vom Meer über die Kante ins Inland krabbelt. Man nähert sich der Kante hin und wieder, ohne es zu bemerken. Manche versuchen auch, unbedingt unten im Wasser den klein wirkenden, rotweißen Leuchtturm zu entdecken, der immerhin 50 Meter hoch ist, und beugen sich dafür erschreckend weit nach vorne. Fotografen gehören auch in diese Kategorie »ehrgeiziger Typen«. Je nach Kliffstelle ist das nicht ganz ungefährlich, weil immer mit böigem Wind gerechnet werden muss und der Kreidefelsen auch nicht ewig trägt. Wer ältere Fotos mit der heutigen Situation vergleicht, kann nachvollziehen, dass das Kalkmaterial schon oft abgebrochen ist.

Von der Strandpromenade in Eastbourne führt der Wanderpfad innerhalb von zwei Stunden entlang des South Downs Way zum Beachy Head hinauf. Der komplette Wanderweg stellt eine echte Herausforderung für mehrere Tage dar. Er führt von Eastbourne über 130 Kilometer weit bis nach Winchester. Eine Alternative, um zum Beachy Head zu gelangen, sind Busse. Sie fahren vom Pier in Eastbourne zum Besucherzentrum Beachy Head und weiter bis nach Brighton. Wer gut zu Fuß ist, kann oben vom Beachy Head die nächsten zehn Kilometer nach Seaford unter die Sohlen nehmen und bis zu den hinteren Hügeln der Seven Sisters wandern. Sie sind ist ein Postkartenmotiv, aber immer wieder toll anzuschauen. Angeblich ließ sich Shakespeare von solchen

1 »Langham Hotel« direkt an der Promenade. **2** Minze ist beliebt, auch in den Suiten. **3** »The Star Alfriston«, früher eine Pilgerherberge. **4** Good Old England im »The Star Alfriston«. **5** Das Gebäude ist rund 800 Jahre alt.

Szenerien zu der Metapher vom »Eden am Meer« inspirieren. Ob William Shakespeare nun der berühmte Dichterfürst war oder die Texte doch aus einer anderen Feder stammen, soll uns nicht weiter interessieren. Mit Blick auf die atemberaubenden Seven Sisters ist die Umschreibung jedenfalls nicht übertrieben – selbst im Nieselregen. Landschaftsspektakel, wie sie in den Naturkinos der Erde zu bestaunen sind und die sich oft über Millionen Jahre entwickelt haben, glauben Geologen heutzutage ganz nüchtern und technisch erklären zu können, anhand von Modellen, basierend auf aktuellen Erkenntnissen. Hat man in 20 Jahren andere Erkenntnisse, werden diese Modelle erweitert oder auch komplett revidiert, weshalb man aktuelle wissenschaftliche Erklärungen auch mit einer gewissen Gelassenheit betrachten darf, zumal Geologie noch eine relativ junge Wissenschaft ist. In Zeiten vor der Aufklärung versuchten die Menschen hingegen, sich die Welt innerhalb der Begrenzungen Himmel, Hölle, Gott und Teufel zu erklären. Ein schönes Beispiel ist die Teufelsschlucht nördlich von Brighton. Der Steilhang des Devil's Dyke, an dem auch der South Downs Way vorbeiführt, ist Teil eines Kanals, den der Teufel in der Nacht gegraben haben soll, um das Meer ins Land zu lassen, auf dass es die vielen Kirchen wegspüle. Eine alte Frau wurde von dem Lärm wach und schaute mit einer Kerze in der Hand aus dem Fenster. Der Teufel hielt das Kerzenlicht für den Sonnenaufgang, fühlte sich ertappt und rannte davon, noch bevor er sein Werk zu Ende bringen konnte. Nun denn.

Nur wenige Kilometer nördlich der Seven Sisters liegt mit dem Ort Alfriston nicht irgendein weiteres Bilderbuchdorf mit vielen Fachwerkhäusern, sondern das Dorf, in dem die Erfolgsgeschichte des National Trust (siehe S.184) ihren Anfang nahm. »Clergy House«, das alte Pfarrhaus aus dem 13. Jahrhundert, war 1896 das erste Gebäude, das der damals ganz frisch gegründete National Trust für symbolische zehn Pfund erstand, um es zu erhalten.

Zeit für Eastbourne & Umgebung

Anreise und Verbindungen

Auto: An der Küste entlang dauert die Fahrt von Dover aus ca. 2 h. Von London aus fährt man über Tunbridge Wells und nimmt dann die A22.
Bus & Bahn: Bahnhof in der Terminus Road, Busstation direkt am Pier, Cavendish Place. Tipp: Für den Tagesausflug nach Brighton das Auto hier stehen lassen und mit dem Bus fahren. Ist viel billiger und damit auch sinnvoller.
Beste Reisezeit: Mai bis Oktober, um das Strandleben zu genießen. Sonst ganzjährig.

Sehen und Erleben

In Eastbourne – die Promenade, natürlich der Pier und die Festungsanlage Redoubt mit ihren Museen. Im Innenhof finden im Sommer Konzerte statt. April–Nov. Di–So 10–17 Uhr, www.eastbournemuseums.co.uk
Herstmonceux Castle & Observatory – nordöstlich von Eastbourne. Eine weitere wunderschöne, rote Burg die sich in ihrem Wassergraben spiegelt. Beste Besuchszeit nach dem Frühstück. Okt.–März tgl. 10–17 Uhr, April–Sept. 10–18 Uhr, www.herstmonceux-castle.com
Beachy Head & Seven Sisters – wie beschrieben als Wanderung oder mit den Bussen von der Pier.
Charleston Farmhouse – an der Strecke zwischen Eastbourne und Lewes. Künstlertreffpunkt der Bloomsbury Group, zu der auch die Schwestern Vanessa Bell (Malerin) und Virginia Woolf (schwer psychisch kranke Autorin) und deren Ehemänner gehörten. Hochinteressant sind nicht nur die Infos zum kreativen Schaffen der Gruppierung, sondern auch zu den Verbandelungen der einzelnen Mitglieder untereinander. Einem Drehbuchschreiber würde man Übertreibung vorwerfen. Charleston, Firle, Lewes, East Sussex, BN8 6LL, Tel. +44 13 23 81 16 26, März–Nov. Mi–Sa 13–18 Uhr, letzter Einlass 17 Uhr, Juli, Aug., Sept. ab 12 Uhr, www.charleston.org.uk

Unterkunft

The Star Alfriston – mittlere bis gehobene Preisklasse. Ein 800 Jahre altes Gebäude, weshalb »The Star« zu einem der ältesten Hotels im Lande zählt. Es ist mehrfach ausgezeichnet worden und auch die Küche pflegt ihren sehr guten Ruf. Bis 1520 war das Hotel unter der Bezeichnung »The Star of Bethlehem« bekannt. Es wurde als Pilgerherberge von den Mönchen der Abtei in Battle geführt und in dem daher als heilig geltenden Gebäude fanden wohl auch Schmuggler schnell Unterschlupf, wenn sie verfolgt wurden. Neben sehr schönen Zimmern und Suiten mit urigen Holzfußböden hat das Haus viel historisches Flair. Das gilt auch für den ganzen Ort Alfriston. Ein Besuch lohnt.
High Street, Alfriston, Tel. +44 13 23 87 04 95, www.thestaralfriston.co.uk

Restaurants

Zahlreiche Restaurants verschiedener Preiskategorien finden sich in der Terminus Road und der Seaside Road.

Informationen

Tourist Information: Cornfield Road, Eastbourne, Tel. +44 871 6 63 00 31 (kostenpflichtige Nummer) www.visiteastbourne.com

Flaggschiff des maritimen England

Portsmouth, Lord Nelson und etwas Weltgeschichte

Portsmouth wird gerne als »Flaggschiff des maritimen England« beschrieben, was zumindest aus Sicht eines Besuchers mit touristischen oder geschichtlichen Interessen nicht einmal übertrieben ist. Schließlich hatte das heute eher museale Plymouth, weiter westlich in Devon, seine ganz große Seefahrerzeit unter Francis Drake nochmal rund 200 Jahre früher als Portsmouth, das von Nelson geprägt ist. Im Übrigen bietet die lebendige »Waterfront City« Portmouth deutlich mehr aufbauende Kultur als Kriegsgeschichten.

Wer von der Autobahn Richtung Innenstadt fährt, folgt am besten der Beschilderung »Historic Dockyard«, um direkt dorthin zu kommen, wo es interessant wird, nämlich zum schönsten Museumsschiff der Welt und zum Spinnaker Tower mit Shoppingmall in der Nachbarschaft. Bekanntermaßen hat die Industriestadt Portsmouth, genauso wie Southampton, schwer unter dem deutschen Bombenhagel im Zweiten Weltkrieg gelitten. Beide Innenstädte wurden ähnlich schnell, funktional und damit gesichtslos wieder hergerichtet, wie zum Beispiel auch die Städte im deutschen Ruhrgebiet. Über Southampton heißt es daher gerne: »Southampton – immer eine Abreise wert!« Dies auch über Portsmouth zu sagen, wäre eher gemein, unternahm die Stadt doch wirklich alle Anstrengungen, um sich im Verlauf der Jahrzehnte immer weiter positiv zu entwickeln. Der Spinnaker Tower, dieses 170 Meter hohe »Vorsegel« (der Name bezeichnet die Form des Turmes), wurde 2005 zur 200-Jahr-Feier von Lord Nelsons Sieg bei Trafalgar über Napoleons französisch-spanische Seeflotte direkt unten am Wasser gebaut. Von der Plattform hinter Glas oben auf dem Turm reicht die Sicht herrlich weit, zum Beispiel über die Meerenge des Solent in Richtung Isle of Wight. Aber was wäre Portsmouth ohne seinen ganz großen Stolz, die »HMS Victory«, das Schlachtschiff von Admiral Nelson? Na, zumindest mal ohne Spinnaker Tower! HMS *(Her Majesty's Ship)* steht als gängige Abkürzung vor den Namen von Schiffen der königlichen Marine. Für Lord Nelson persönlich, der schon in jungen Jahren eine höchst bemerkenswerte Karriere vorzuweisen hatte, ging das Gefecht in Trafalgar maximal schlecht aus. Von einer Musketenkugel in die Brust getroffen, verstarb er, immerhin noch in dem Bewusstsein gesiegt zu haben. Nach sei-

1 Weihnachten im Historic Dockyard. **2** Der Tod Nelsons. **3** Spinnaker Tower in Portsmouth. **4** Die »HMS Victory« in voller Pracht.

1 Das »Hauptdeck« des »Royal Maritime Club«. **2** Die Zimmer sind einfach, aber angenehm eingerichtet. **3** Die Victory Bar im »Royal Maritime«. **4** Das Hotel »The Royal Maritime Club« steht jedermann offen.

nem Tod soll seine Mannschaft ein Fass aufgemacht haben. Nicht um zu feiern – im Gegenteil –, Nelson war bei seinen Männern sehr beliebt. Wertvolle Leichen wurden früher auf See für die Heimreise präpariert, indem man sie in vollen Brandy- oder Rumfässern transportierte. Nelson war übrigens nur 1,60 Meter groß und damit noch neun Zentimeter kleiner als der angeblich so kleine Korse Napoleon. Sicher, man fragt sich, wie der zwölfjährige Horatio Nelson, ein relativ kleinwüchsiger und eher zarter Junge das harte Seefahrerleben eigentlich gemeistert hat. Mit 20 Jahren war er jedoch bereits Kapitän und entwickelte sich im späteren Leben zu einem charismatischen Führer und letztendlich Admiral der britischen Flotte. Nelson ging es wie einem Popstar. Er konnte die Straße nicht betreten, ohne von Autogrammjägern umlagert zu werden. Und doch, oder vielleicht gerade deshalb hatte auch seine Medaille eine Kehrseite. Die Trauer in England war groß, als sein Tod publik wurde, man verglich Trafalgar mit einem Pyrrhussieg, denn er schien vielen zu teuer erkauft, aber es gab auch reichlich Stimmen, die Nelsons Ableben als Bestrafung durch Gottes Hand werteten. Jahrelang hatte der Admiral der Yellowpress Stoff geliefert, weil er in einer Dreiecksbeziehung mit Lady Emma Hamilton und ihrem Mann lebte. Dieser war Gesandter in Neapel. Er bekam sogar eine Tochter, Horatia, mit Lady Hamilton, was seine Ehefrau – die gab es nämlich auch noch – nicht so richtig feiern konnte. Im Rahmen der Scheidung muss sich Nelson dann eher weniger von der Seite eines *gentleman* gezeigt haben, da sich die Ehefrau wohl doch nicht so duckmäuserisch verhielt, wie es seinem Wunsch entsprochen hätte.

Die »HSM Victory« jedenfalls ist eindrucksvoll anzuschauen. Ihre legendäre Feuerkraft war vor allem auch auf die extrem gedrillten Mannschaften zurückzuführen, die es schafften, alle 90 Sekunden bereit zu sein, die nächste Breitseite abzufeuern. Wer von Kriegsschiffen nicht genug bekommen kann: »HMS Warrier« und »Mary Rose«, das Flaggschiff von Heinrich VIII., warten in Portsmouth auch noch auf einen Besuch. Oder gehen Sie doch einfach ein wenig bummeln und Urlaub machen, zum Beispiel dort, wo Heinrich VIII. mitansehen musste, wie seine »Mary

Rose« im Solent versank, weil der Kahn in Schlagseite durch die Kanonenöffnungen voll Wasser lief. Das war in Southsea, heute eine beliebte Wohngegend nur ein paar Kilometer südlich des Spinnaker Towers. Ganz in der Nähe starten auch die Hovercrafts ihre Überfahrten zur Isle of Wight.
In der Nähe des Southsea Castle hält das D-Day Museum die Erinnerung an die Invasion der alliierten Truppen in der Normandie wach. Wie gut, dass Adolf Hitler in Sachen Kriegsführung ein so egozentrischer Dilettant war, dass er mit seinen Führerbefehlen seinen eigenen Generälen den Sieg gegen die 1940 in Dünkirchen zunächst chancenlose Alliierte Armee nahm, weil diese durch Einsatz von 900 Schiffen über den Kanal evakuiert werden konnte. Ohne Hitlers »Querschläger-Befehle« wären diese Soldaten in Dünkirchen in Gefangenschaft geraten oder ermordet worden, und dann hätte es möglicherweise keine Armee für den 6. Juni 1944 gegeben, den »Deliverance Day« (»Tag der Erlösung«). Und heute kein Museum in Southsea. Diese Kriegsmathematik wirkt nur deshalb etwas zynisch, weil die Ereignisse des Zweiten Weltkriegs zeitlich noch wesentlich präsenter sind als die Zerstörungen, die Lord Nelson mit seinem schönen Museumsschiff produzierte.

Zeit für Portsmouth

Anreise und Verbindungen

Auto: Die Weiterfahrt von Eastbourne dauert ca. 2 h. Von Dover aus zunächst Richtung London und über die M 3 und bei Southampton auf die M 27.
Bus & Bahn: Der Bahnhof befindet sich am Hafen, die Busstation an den Gunwharf Quays.
Fähre zur Isle of Wight: Die Fähre legt in der Nähe des Spinnaker Tower ab, der genaue Ort ist ausgeschildert. Hovercraft am Clarence Pier in Southsea.
Beste Reisezeit: Ganzjährig. Ab November läuft alles viel gemütlicher ab.

Sehen und Erleben

Historic Dockyard – mit den drei Schiffen »HMS Victory«, »HMS Warrior« und den Resten der »Mary Rose«.
Tgl. 10–18 Uhr, Eintritt: abhängig vom ausgewählten Programm, www.historicdockyard.co.uk
Spinnaker Tower & Gunwharf Quays – die Waterfront. In vielen Hafenstädten weltweit wurden Mitte der 1990er-Jahre alte Hafenbereiche restauriert und zu Flaniermeilen mit exklusiver Wohnlage umgebaut. So auch hier, sehr schön.

D-Day Museum in Southsea – Schildert detailliert die Landung der alliierten Truppen in der Normandie. Anschließend zur Erholung über die Promenade bummeln und frische Seeluft schnuppern.

Unterkunft

The Royal Maritime Club – günstig bis mittlere Preisklasse, Das Hotel befindet sich nur ca. 200 m vom Eingang zum Historic Dockyard, in dem auch die »HMS Victory« zu besichtigen ist. Zum Spinnaker Tower ist es ein knapper Kilometer. Von außen wirkt es wie eine exklusive Bleibe oder eben ein Club für Marinemitglieder, tatsächlich ist das Hotel offen für jedermann. Aktive und ehemalige Mitglieder bekommen lediglich einen kleinen Rabatt. Familienfreundlich mit kleinem, warmem Pool im Keller. Speziell ist das maritime Ambiente, eine Hommage an Lord Nelson, mit Victory-Bar, Compass-Cafe, Bildern und vielen Zitaten. Queen Street, Tel. +44 23 92 82 42 31, www.royalmaritimeclub.co.uk

Restaurants

The Still and West Country House – Pub von 1700, Mahlzeiten für unter 10 £. Schöne Aussicht auf Spinnaker Tower und Fährverkehr. Auch eine Ecke, in der die *pressgangs* früherer Zeiten viel Kanonenfutter für die Navy organisiert haben.
Bath Square, Tel. +44 23 92 82 15 67, www.stillandwest.co.uk
Spice Island Inn – gleich neben dem Still and West mit der gleichen Aussicht. Essen unter 20 £.
Bath Square, Tel. +44 23 92 87 05 43.

Informationen

Tourist Information: Clarence Esplanade, Southsea, Tel. +44 23 92 82 67 22, www.visitportsmouth.co.uk

1

2

3

Heineken
skandia
Toilets
4

Das »Madeira Großbritanniens«

Die Isle of Wight – England im Kleinen

Angeblich werden jedes Jahr auf der nur 35 Kilometer langen Insel mit den langen Stränden und den überschaubar vielen Besuchern die meisten Sonnentage Britanniens gemessen. Um genau zu sein: in dem Dörfchen Ventnor am Südzipfel. Das Attribut, *der* »Sonnenort Britanniens« zu sein, nehmen allerdings andere auch für sich in Anspruch. Tatsächlich ist die Isle of Wight aus deutscher Sicht vor allem ein sehr historischer Ort.

Wer am Ortsschild »Ventnor« dann mit seinem Auto im strömenden Regen vorbeifährt, kann gut nachvollziehen, wie Winston Churchill seinerzeit zu der Aussage kam: »Ich glaube nur den Statistiken, die ich selbst gefälscht habe.« Trotzdem sollte man für den Abstecher zur Isle of Wight wenigstens zwei Tage einplanen. Das Seebad Ryde hat alles, was zu einem echten Seebad gehört. Mehrere hundert Kilometer Rad- und Wanderwege führen durch überwiegend flaches Gelände und auch die vielen Angebote für Kinder prädestinieren die Isle of Wight als Ziel für Familienurlaube. Außerdem sind ihre Gefilde ein Segelparadies. Gerade in den Sommermonaten ist Wight weniger frequentiert als so manche Region weiter nördlich des Solent.
Zurück zu Ventnor: Es kann in der Tat keine Regenmetropole sein, schließlich war es im 19. Jahrhundert als Heilbad bekannt, unter anderem für Tuberkulosekranke. Auch Karl Marx kurte gegen Ende seines Lebens, schon vom Krebs gezeichnet, zweimal in Ventnor. Finanziell unterstützt wurde er dabei von seinem Freund und Mitstreiter Friedrich Engels. Von Ventnor ist es nicht weit zur Freshwater Bay im Westen, kein Wunder angesichts der Größe der Insel. Wie an vielen anderen Abschnitten der Kreideküste lässt sich hier sehr schön nachvollziehen, dass England lange Zeit unter Wasser lag. Ein »U-Wasser-Thema«, das speziell für Deutsche eine besondere Bedeutung hat, ist nördlich in Shanklin Shine anzutreffen. Es geht um die Reste des Projekts »PLUTO« (»The PipeLine Under The Ocean«), ein Rohr, durch das die Alliierten Truppen in der Normandie nach dem D-Day mit Treibstoff versorgt wurden. Ein Beitrag der Isle of Wight zur Beendigung des Krieges. Schweift der Blick dann westlich von Freshwater weiter Richtung Westen, sieht man die berüchtigten Needles. Diese Felsnadeln, die drohend aus dem Wasser aufra-

1 Die Freshwater Bay. **2** Osbourne House, die Lieblingsresidenz von Queen Victoria. **3** Das kleine Seebad Ventnor, im Regen besonders blau. **4** Cowes Week auf der Isle of Wight – für alle mit Segelboot.

1 Besucher der Cowes Week. **2** Die Needles, die Nadeln, bilden die westliche Begrenzung der Isle of Wight. **3** Die Freshwater Bay im Morgengold.

gen, zählten in früheren Zeiten zu den vielen Alpträumen, die die englische Küste Seefahrern zu bieten hatte.

Von der Alum Bay aus werden Bootstouren zu den Needles angeboten. Dieser Shuttleservice ermöglicht Fotos aus der Meeresniveauperspektive. Die Alum Bay dürfte auch für Nicht-Geologen ein spannendes Fotomotiv darstellen, da hier die farbigen Gesteinsschichten fast senkrecht stehen. Die Needles bilden die westliche Begrenzung des Solent, der Meerenge zwischen dem Festland und der Isle of Wight. Die schon fast östliche Begrenzung bildet der Ort Cowes. Hier kommen einige der Fähren (Ticket in Portsmouth, ca. 70 £) von der größeren Insel im Norden an. Berühmt ist der Ort für die jährliche Cowes Week, eine große Segelregatta. Ganz in der Nähe von Cowes liegt das Osborne House, Queen Victorias Sommerresidenz.

Doch der Reihe nach. Hätte es in der Steinzeit schon Eventmanager gegeben, hätten sie die Cowes Week gar nicht veranstalten können. In erdgeschichtlicher Dimension gedacht, war die heutige Sonneninsel noch bis »vor Kurzem« mit dem Festland verbunden und der Solent dazwischen war lediglich ein Fluss. Der Grabenbruch, der anschließend voll Wasser lief, musste sich erst noch bilden. Den Solent unter Segel malte William Turner schon 1827, doch es dürfte heute ein noch größeres und bunteres Spektakel sein als damals. Wer sich einfach mal hinsetzt und die Menschen beobachtet, wird feststellen können, dass auf diesem Rummelplatz auch viele Engländer ihr berühmtes »Understatement« verlieren. Möglicherweise ertrinkt es beim Segeln im Solent. Gestartet wird jedes Rennen, mittels gehisster Flaggen und abgefeuerter Kanonenschüsse, von den schmuck gekleideten Mitgliedern des Royal Yacht Squadron, in dem unter anderem Prinz Charles Mitglied ist.

In das Vereinsheim des Clubs, ein ehemaliges Küstenfort von Heinrich VIII., hat natürlich nicht jedermann Zutritt. Ein Deutscher, der sich für den englischen Geschmack hier offenbar schon zu sehr zu Hause fühlte, war Kaiser Wilhelm II. Sein Onkel Albert hatte Queen Victoria geheiratet, die ihre Sommerferien am liebsten im Osborne House verbrachte. Albert hatte diese

bescheidene Bleibe in Zusammenarbeit mit Architekten geplant. Im Garten steht ein alter Badewagen, eine Art Toilettenhäuschen auf Rädern, in dem die Queen langsam ins Wasser chauffiert wurde. Man ging also nicht schwimmen, man ließ sich wässern. Nicht von ungefähr verströmt der Palast mediterranes Flair, denn Albert ließ sich von Neapels Lage am Mittelmeer inspirieren. Innen ist er allerdings, zumindest nach heutigen Kriterien, furchtbar vollgestopft mit allen Souvenirs, die man sich damals aus den Kolonien mitbringen konnte. Die Harmonie der Inneneinrichtung leidet ganz klar. Na, jedenfalls verbrachte auch *The Kaiser* seine Ferien gerne bei der britischen Verwandtschaft und ließ sich seinerseits von der Cowes Week anregen. Er importierte die Idee nach Deutschland, sodass sich im Verlauf der Zeit die heutige Kieler Woche daraus entwickeln konnte. Der Erste Weltkrieg brach aus und der englische Dichter Bernhard Shaw soll damals gesagt haben: »Der Kaiser ist ein naiver Vorstadtsnob, was aber ganz natürlich ist, denn er ist ja der Sohn einer Engländerin.« Queen Victoria war Wilhelms Großmutter. Außerdem ist sie die Ururgroßmutter sowohl der aktuellen Queen Elizabeth II., als auch ihres Ehemanns Prinz Philip.

Zeit für die Isle of Wight

Anreise und Verbindungen

Auto: Fähren gehen von Portsmouth (Ticket ca. 70 £) über den Kanal. Southampton und Lymington und sind nur wenig günstiger.
Auf Wight: Infos zu Busreisen (www.islandbuses.info); Infos zu Zugreisen (www.islandlinetrains.co.uk); Historische Dampflok (www.iwsteamrailway.co.uk).
Beste Reisezeit: ganzjährig.

Sehen und Erleben

Cowes – Die Cowes Week (www.aamcowesweek.co.uk) findet jedes Jahr Anfang August statt.
Osborne House – südlich von East Cowes. Die Sommerresidenz von Queen Victoria, in der sie 1901 starb. Nach dem Tod ihres Mannes Albert soll sie den Rest ihres Lebens, immerhin noch 40 Jahre, ihre Trauer überwiegend im Osborne House verarbeitet haben. Die ersten drei Jahre (1861–1864) zog sie sich hier komplett zurück, ohne öffentliche Auftritte zu absolvieren.
York Avenue, East Cowes, Isle of Wight, PO 32 6JX, Tel. +44 19 83 81 38 13, www.english-heritage.org.uk
Culver Cliffs – südwestlich von Brading. Den Hinweisschildern nach Culver Downs folgen. Toller Ausblick auf Solent und Strände Richtung Shanklin.
Carisbrooke Castle – bei Newport. König Karl I. wurde von Oliver Cromwell bis zu seiner Hinrichtung hier festgehalten. Ein Fluchtversuch scheiterte kläglich, als der König zwischen den Gitterstäben seiner Zelle hängen blieb.
Castle Hill, Newport, Isle of Wight, Tel. +44 19 83 81 38 13, www.english-heritage.org.uk
Tennyson Walk – Von Carisbrooke Castle bei Newport zu den Needles im Westen sind es rund 25 km. Eine sehr schöne Wanderung, die auch an »The Farringford« (s. unten) vorbeiführt, wo Tennyson Gäste wie Garibaldi oder Charles Darwin empfing.

Unterkunft

The Anchor – günstig bis mittlere Preisklasse. Traditionsreicher Gasthof gegenüber vom Yachtclub. Preise ohne Frühstück.
1 High Street, Cowes, Tel. +44 19 83 29 28 23, www.theanchorcowes.co.uk
Keats Green Hotel – mittlere bis gehobene Preisklasse. Herrlicher Seeblick, mit Schwimmbad im Haus. 3 Queens Road, Shanklin, Tel. +44 19 83 86 27 42, www.keatsgreenhotel.co.uk

Restaurants

The Farringford – gehoben. Das ehemalige Zuhause des Dichters Alfred Tennyson wurde in ein sehr schönes Landhotel mit Restaurant umgebaut.
Bedbury Lane, Freshwater Bay, Tel. +44 19 83 75 27 00.

Informationen

Tourist Information: York Avenue, East Cowes, Isle of Wight, PO32 6JX, Tel. +44 19 83 81 38 13, www.visitisleofwight.co.uk

Wo der Mensch zum Strandgut wird
Dorset

Ein geologisches Phänomen: die Lulworth Cove westlich von Swanage.

CORFE CA

1

National Trust
NATURISTS MAY
BE SEEN BEYOND
THIS POINT

2

3

4

Wo London recycelt wurde

Die Isle of Purbeck, von Globetrottern empfohlen

Die Gemeinde Swanage und ihre abwechslungsreiche Umgebung liegen auf der Isle of Purbeck. Wenn man es ganz genau betrachtet, ist selbst diese harmlose Aussage zur geografischen Lage von Swanage schon wieder etwas übertrieben – wie so vieles im Tourismusbereich. Der Landstrich Purbeck formt nun mal nur eine Halbinsel.

Während meiner ersten Tour durch den Südwesten Englands, vor einigen Jahren, als ich die Region noch nicht kannte, hatte ich mir auf einem Feldweg einen »Plattfuß« zugezogen. Ein Reifen lag flach auf dem Schotter, das Reserverad zu Hause in Deutschland in der Garage. Platz sparen im Auto. Mit dem Handy konnte ich eine Autowerkstatt in Bridport zu Hilfe rufen. Es war Freitagnachmittag, kurz vor Feierabend. Der Besitzer holte mich persönlich ab und wie es manchmal passiert, wenn die Chemie zwischen zwei Menschen stimmt, kamen wir sofort ins Gespräch. Er schilderte mir, dass er vor 35 Jahren von Holland über Vietnam, die USA, Skandinavien und Schottland nach England um den Globus getrottet war, wo er dann sesshaft wurde. »Südengland ist wirklich außergewöhnlich schön und auch wirtschaftlich so robust, dass man hier gut leben kann«, erklärte er mir. »Und zwar ganz besonders in dieser Ecke hier, innerhalb von Dorset. Die Gegend an der Küste zwischen Bournemouth und Lyme Regis hat wahnsinnig viel zu bieten.« Der gute Mann hatte natürlich Recht. Bekannt und benannt ist die Halbinsel Purbeck nach ihrem *Purbeck marble*, dem Purbeck-Marmor, den schon die Römer abbauen ließen. Mit dem Abzug der Römer wurde auch der Marmorabbau bis ins 12. Jahrhundert hinein weitestgehend eingestellt.

Und schon wieder könnte man es pingeliger betrachten, denn der Geologe versteht, von der Gesteinskunde her, unter Marmor etwas anderes als der Steinmetz. Dem Steinmetz ist wichtig, dass er einen relativ weichen Kalkstein bekommt, der schleif- und polierfähig ist, damit er zum Beispiel schöne Grabsteine für den Verkauf herstellen kann, was sich mit dem *Purbeck marble* machen lässt. Er eignete sich auch für die Säulen der Kathedrale in Salisbury – polierte, schwarze Säulen, die sich heutzutage ziemlich krumm darstellen. Aus *Purbeck marble* sind auch die Arkaden in der Kathedrale von Exeter und auch in andere Kathe-

1 Bahnwärter in Corfe Castle. **2** FKK-Strand in der Studland Bay. **3** Corfe: Castle und Dorf. **4** Die Ruine von Corfe Castle mit Dorf am frühen Morgen.

1

2

3

dralenstädte wurde dieser empfindliche, muschelreiche Kalkstein einst geliefert. Weil er so wenig strapazierfähig ist, hat man ihn sinnvollerweise in den Innenräumen verbaut. Ein echter Marmor dagegen ist ein Stein, den man auch draußen einsetzen kann.

Wie Entwicklungen manchmal ihren Weg nehmen, hat die Marmorindustrie in Swanage zwei Fotomotive hervorgebracht, die sich heutzutage kein Tourist hier entgehen lässt: die beiden Piere. Die Reste des alten Piers übersieht man leicht, besonders von Mai bis Oktober, wenn viele Boote im Hafen liegen und am Pier zusätzliche, schwimmende Kunststoffböden ins Wasser gelassen werden, damit Taucher und Kajakfahrer ihre Anlegestellen haben. Die schweren Holzbohlen der Konstruktion von 1860 gammeln vor sich hin. Gehegt und gepflegt dagegen wird der neuere Pier von 1897. Im Frühjahr 2013 wurde ein Teil der Stahlkonstruktion aus viktorianischer Zeit durch Sturm und schwere See beschädigt. Das ganze Jahr über trieb eine Bürgerinitiative in ehrenamtlicher Arbeit die Renovierung voran. Nun lässt sich das Ergebnis wieder wunderbar fotografieren.

Überhaupt ist Swanage ein herrlich echtes, kleines Seebad ohne Kirmesatmosphäre, in dem es sich ähnlich wie in Eastbourne anbietet, sein »Basislager« aufzuschlagen, um von dort die Umgebung zu erkunden. John Mowlem und George Burt dürften im 19. Jahrhundert beim Blick auf den Pier weniger ans Fotografieren gedacht haben. Die beiden, Onkel und Neffe, waren

1 Der Pier in Swanage. 2 Blick vom Pier auf Swanage Beach. 3 Die Old Harry Rocks. 4 Familienfreundliche Studland Bay. 5 Abendstimmung im Hafen von Swanage.

erfolgreiche Bauunternehmer in London geworden, die ihre Steine im heimatlichen Swanage am Pier auf Schiffe verladen ließen. Sie waren vermögend und investierten viel in die Infrastruktur in Swanage, auf zum Teil ziemlich kuriose Art und Weise. Die scherzhafte Bezeichnung »Old London by the Sea« hat Swanage nicht von ungefähr. Einige Fassaden, Säulen und Stahlkonstruktionen, die den Verantwortlichen unter Queen Victoria in der Hauptstadt nicht mehr in die Planungen passten, ließ George Burt abbauen und in der swanage'schen Provinz wieder aufbauen. Auch Teile der gusseisernen Pierkonstruktion sind Abfall aus London, genauso die Fassade des Rathauses von Swanage. Der 40 Tonnen schwere Globus auf den Klippen am Durlston Head, einen guten Kilometer südlich von Swanage, im Internet unter »The Great Globe« zu finden, ist ausnahmsweise mal nicht aus diesem Kalkstein. Logisch, er wurde ja auch mit dem Wissen konzipiert, dass er der Witterung ausgesetzt sein würde. Dieses Architekturpuzzle hat Mr. Burt in London aus 15 Teilen zusammengebaut. Das Material stellten Steinbrüche, in denen der Portland-Stein abgebaut wird, also mit hoher Wahrscheinlichkeit Produktionsstätten einige Kilometer weiter westlich auf der Isle of Portland.

1 Gediegener Speisesaal in »Mortons House Hotel«. **2** Große Suite, geschmackvoll mit Antiquitäten eingerichtet. **3** Offener Kamin im Leseraum. **4** Auch Baden mit Stil will gekonnt sein.

Trägt die Isle of Purbeck ihren Titel »Area of Outstanding Natural Beauty« denn nun zu Recht? Diese Frage lässt sich auf sehr charmante Weise untersuchen, zum Beispiel indem man sich in Swanage am Bahnhof in die Dampflokomotive nach Corfe Castle setzt. Über Weideland und durch die Heide rumpelt das pfeifende Relikt auf den historischen Ort zu, über dem sich »postkartenprädestiniert« die Ruine des Castles erhebt. Ankunft in Corfe Castle und erster Eindruck: Wir befinden uns live in einem Miss-Marple-Film. Mit viel Liebe zum Detail – an den Gleisen stehen große, alte, sperrige Koffer – wird eine Atmosphäre kreiert, die den Reisenden in den 1950er-Jahren aussteigen lässt. Den Bau des Castles gab Wilhelm der Eroberer im 11. Jahrhundert in Auftrag, zerstört wurde es von Oliver Cromwells Truppen während des Bürgerkriegs im 17. Jahrhundert, und das auch erst nach sechswöchiger Belagerung. Dieser Belagerung hielt nicht der Schlossherr Sir John Bankes stand, oberster Richter von Karl I., der bei seiner Flucht aus Carisbrooke Castle auf der Isle of Wight zwischen den Gitterstäben hängenblieb, sondern Lady Bankes. Durch Verrat aus den eigenen Reihen verlor sie den Kampf schließlich doch. Beeindruckt von ihrer Stärke ließ der Kommandierende der Sieger sie mit den Schlüsseln zur Burg ziehen.

Diese befinden sich heute in der Bibliothek des berühmten Herrenhauses Kingston Lacy, nordwestlich von Bournemouth. Das Risiko, dass Mylady oder Sir Bankes zurückkehren und einfach weitermachen würden wie bisher, war für die Belagerer der Burg denkbar gering, denn sie hatten die Festung mit reichlich Schießpulver einwandfrei gesprengt.

Von Corfe Castle ist man mit dem eigenen Auto innerhalb von zehn Minuten an der Fähre nach Poole und dann auch schnell in Bournemouth, außer wenn im Sommer die Straßen total verstopft sind. Bleiben wir lieber auf der Halbinsel, zumal die Strände der Studland Bay ein echtes Highlight sind. Für FKK-Begeisterte zählt dieser Strand zu den schönsten in ganz Großbritannien, jedenfalls nach Aussage von Experten aus London, die es wissen müssen und deshalb am Wochenende regelmäßig herfahren. Vom Strand nahe Pool stehen in südlicher Blickrichtung, weit hinten, aber deutlich erkennbar, die Old Harry Rocks im Wasser, die Teufelsfelsen, die auch einfach als »Old Harry« bezeichnet werden. Markanter und schöner als diese Kreidefelsen könnte die Stelle, an der der »South-West-Coast-Path« (SWCP) beginnt, wirklich nicht sein. Über mehr als 1000 Kilometer führt der Wanderweg immer an der Küste entlang bis nach Minehead, in Nord-Devon. Na, dann mal los.

Zeit für Isle of Purbeck

Anreise und Verbindungen

Auto: Von Dover direkt sind die gut 300 km in ca. 4 h machbar, die Weiterreise von Portsmouth dauert ca. 2 h.
Bahn: Es gibt nur die Dampflokomotive der Swanage Railway, die zwischen Swanage und Norden verkehrt. Park & Ride bietet sich hier an.
Bus: Linien nach Wareham, Pool und Bournemouth.
Beste Reisezeit: für Sommerurlauber Mai bis Oktober.

Sehen und Erleben

Swanage Strandpromenade & Pier – der Pier ist von Mai bis Okt. von 9-18 Uhr geöffnet. Zutritt gegen eine kleine Spende, www.swanagepiertrust.com
Old Harry Rocks – mit dem Auto Richtung Studland Bay, dann der Beschilderung zum National-Trust-Parkplatz folgen. Wanderung von ca. 25 Min. Bis Swanage 5,5 km auf dem SWCP, www.nationaltrust.org.uk
Corfe Castle – ein Bild von einer Burgruine mit viel Geschichte. Wird vom National Trust verwaltet. Corfe Castle, Tel. +44 19 29 48 12 94, April-Sept. 10-18 Uhr, März & Okt. 10-17 Uhr, Nov.-Feb. 10-16 Uhr, www.nationaltrust.org.uk/corfe-castle
Kingston Lacy – ca. 40 km von Swanage entfernt bei Wimborne Minster ist das ehemalige Herrenhaus in Dorset. Familie Bankes lebte hier, nachdem sie den Kampf um Corfe Castle verloren hatte. Von innen ist das Haus übervoll mit Kunst in allen Formen. National Trust, Tel. +44 12 02 88 34 02, März-Okt. Mi-So 11-17 Uhr, www.nationaltrust.org.uk/kingston-lacy

Unterkunft

Mortons House Hotel in Corfe Castle – mittlere bis gehobene Preisklasse. Das Gebäude ist 1590 zu Zeiten von Queen Elizabeth I. oder auch Sir Francis Drake gebaut worden. 1666 wurde es erweitert, wahrscheinlich sogar mit Steinen der damals schon zerstörten Burg. Die Zimmer sind alle etwas unterschiedlich gestaltet, sehr komfortabel und haben viel Charme. Die Dampflok fährt direkt am Garten vorbei – keine Sorge, keine Ruhestörung! East Street, Dorset. BH20 5EE, Tel. +44 19 29 48 09 88, www.mortonshouse.co.uk
Grand Hotel Swanage – günstige Preisklasse. Hotel mit fairen Preisen, zumal die Zimmer wunderbaren Ausblick Richtung Meer bieten. Burlington Road, Swanage, Dorset, BH19 1LU, Tel. +44 19 29 42 33 53, www.grandhotelswanage.co.uk

Restaurants

Mortons House Hotel in Corfe Castle – s. oben. Ein im wahrsten Sinne des Wortes ausgezeichnetes Restaurant! www.mortonshouse.co.uk
In Swanage gibt es reichlich Restaurants zwischen Strandpromenade und Pier. Für jeden Geschmack und Geldbeutel ist etwas dabei.

Informationen

Tourist Information: The White House, Shore Road, Swanage, Dorset, +44 19 29 42 28 85, www.swanage.gov.uk/

1

2

STEEPLE ¼
CREECH 2½
WAREHAM 6
KIMMERIDGE 1
SMEDMORE 1½
TO THE SEA
CHURCH KNOWLE 2
CORFE CASTLE 4
3

4

Wandern mit Weitblick

Per pedes Richtung Weymouth

Mit einer Länge von 1014 Kilometern ist der »South West Coast Path« (SWCP) zwar definitiv der längste Fernwanderweg in Großbritannien, aber noch lange nicht der einzig Nennenswerte. Der achtförmige »Tarka Trail« in Devon, der »South Downs Way« in Dorset und die nur 48 Kilometer des »West Mendip Way« zwischen Wells und Bristol sind nur einige Alternativen.

Der »Tarka Trail« ist nach »Tarka der Otter« benannt, einem Kinder- und Jugendroman von 1927, dessen Fährte er folgt. In die Kategorie Kinderkram gehört der Wanderweg deshalb nicht. Die ca. 290 Kilometer sind eine Art Wegenetz aus ehemals verschiedenen Einzelstrecken. Dazu gehören aber auch die 90 Kilometer, die sich mit dem SWCP überschneiden, sowie 50 Kilometer stillgelegte Eisenbahnabschnitte. Unter den »geglätteten« Schienenabschnitten befinden sich einige ehemalige Eisenbahnbrücken, die nun herrliche Aussichten in die Landschaften Nord-Devons bieten. Aufgemalt auf eine Wanderkarte stellt sich der »Tarka Trail« in Form einer Acht dar. Die nördliche Schleife reicht an die Atlantikküste zwischen Croyde und Lynton heran, die südliche bis Okehampton hinunter. Genau im Knotenpunkt liegt der Ort Barnstaple. Im Gegensatz zum SWCP verlaufen die Trails des Tarka auch im Inland. Die Nordschleife führt durch den Nationalpark Exmoor und die Südschleife schneidet so gerade eben das Dartmoor an. Bewaldete Flusstäler, Moore, Klippenabschnitte und Sandstrände bieten Abwechslung beim Wandern.
Der »South Downs Way« führt insgesamt 170 Kilometer überwiegend durch das Inland nach Winchester. Wer nicht den ganzen Urlaub wandern möchte, aber trotzdem Wert auf das Gefühl legt, eine abgeschlossene Tour gemacht zu haben, ist vielleicht auf dem 48 Kilometer langen »West Mendip Way« richtig. Sein Ausgangspunkt ist in Wells, einer Kathedrale mit Dorf. Appetit auf mehr machen die ersten 8 Kilometer zum nördlich gelegenen Priddy. Auf dieser kurzen Strecke bietet der Weg schöne Ausblicke auf Wells, die Höhlen bei Wookey Hole und die farnbewachsene Felsschlucht Ebbor Gorge. Anschließend kommt man in Priddy an, der höchstgelegenen Siedlung innerhalb der sanft geschwungenen Mendip Hills. Weiterwandern wird empfohlen, es steht unter anderem die Cheddar Gorge auf dem Programm,

1 Durdle Door, das »Bohrloch«, bei Lulworth Cove. **2** »Dreht euch mal um, da ist wieder einer!« **3** Hinweisschild bei Corfe Castle. **4** Die Lulworth Cove, eine kleine, fast kreisrunde Bucht bei West Lulworth.

1

2

3

die berühmte »Käseschlucht«, die, auf Plastikfolie gedruckt, in jedem englischen Supermarkt zu finden ist.
Südenglands Königsweg schlechthin ist der SWCP. Nur vier Buchstaben kürzen ihn ab, aber er erstreckt sich über gut 1000 Kilometer Wegstrecke und 28 000 Höhenmeter (dreimal der Mount Everest). Man braucht für den Weg ca. acht Wochen, umgerechnet also einen ganzen Jahresurlaub und ordentlich Überstunden. Auf dem Weg von den Old Harry Rocks bei Poole bis Minehead in Nord-Devon wandelt man auf grünen Pfaden durch die Geschichte Südenglands. Der SWCP entstand in einer Zeit, als sicherlich niemand über Begriffe wie Auszeit oder Genusswandern nachdachte. Gepilgert wurde zwar auch, sogar auf Zuwegen des Jakobswegs nach Santiago de Compostela in Spanien. Allerdings ging es damals weniger ums »Loslassen« und mehr ums »Vollbekommen«, und zwar des eigenen Magens. Von daher waren die Sardinenschreier die ersten, die mit ihren Trampelfaden die Grundlage für diesen Nutzweg schufen. Sie überbrachten den Fischern das Startsignal, sobald die Schwärme der silbrig glänzenden *pilchards* im Meer zu sehen waren. Auch *shipwrecker* leisteten ihren Beitrag: Schiffsplünderer, die die Ladung und Teile von gestrandeten Schiffen in ihren Besitz übergehen ließen, transportierten das Diebesgut über diese Wege ab. Manchmal half man beim Stranden der Schiffe sogar nach, indem falsche Lichtzeichen gegeben wurden. Die entscheidende Rolle für den Ausbau des Küstenwanderwegs spielte der Kampf gegen das *free trading*. Das Schmuggelgeschäft im Südengland des 18. und Anfang des 19. Jahrhunderts war *big business* – sehr professionell aufgezogen mit Investoren, die auch aus dem Adel kamen. Romantisch wurde es erst mit einem gewissen zeitlichen Abstand, ähnlich wie die Geschichten von Lord Nelson.
Natürlich war das Ganze hochgradig illegal, aber das hatten die Menschen dieser Tage nicht richtig verinnerlicht. Man hielt es eher für eine weitere unsinnige Idee aus London. Der Weg und auch entsprechende Unterkünfte wurden für Zöllner und Militärtrupps angelegt. Die Männer der Coast Guard mussten in der Lage sein, Blicke unten in die Buchten zu werfen, deshalb windet er sich oft so dicht an der Kante vorbei. Schön aufpassen, die vielen Kreuze entlang der Strecke stehen dort nicht von ungefähr. Geld entwickelte den SWCP seinerzeit, Geld bringt er bis

1 Cottage in Kimmeridge. **2** Blick von West Lulworth Richtung Durdle Door. **3** Die Bäume auf Colmers Hill wurden von Schmugglern gesetzt. **4** Eine alte Tankstelle an der A 3052.

heute hervor – auch dies ist eine Parallele zu den Pilgerwegen. Wo sind denn nun die schönsten Abschnitte des »South West Coast Path«, die Top Five, die in jedem Magazin auftauchen? Schwer zu sagen, das hängt natürlich auch vom persönlichen Geschmack ab. In jedem Fall gehört die Jurassic Coast zwischen den Old Harry Rocks und Lyme Regis mit dazu. Zumal das Gros der Wanderer den Weg am offiziellen Anfang in Minehead, Nord-Devon, beginnt und hier dann seine Endphase erlebt. Bekanntlich kommt das Beste immer zum Schluss. Sidmouth bis Torquay hat wunderschöne Buchten und Gesteine und bietet Kultur für drei Englandreisen. Torquay bis Torcross führt über Dartmouth- und Dartmouth ist ein *Must have seen*. Den Bereich zwischen Looe und Mevagissey sollte man gleich Ende April unter die Füße nehmen. Dann sind Rosamunde-Pilcher-Kulissen wie die Küstendörfer Polperro, Fowey und Mevagissey noch nicht ganz so furchtbar überlaufen und in den Gärten von Heligan oder Caerhays blüht schon der Rhododendron. Die Lizard-Halbinsel mit Housel Bay, Mullion Cove (etwas südlich wurde am 29. Juli 1588 die Armada gesichtet) und Kynance Cove sind natürlich

1 Blick aus »The Chatsworth« auf Weymouth. **2** »The Chatsworth«: mit Dreimaster vor dem Fenster. **3** Das Gebäude, in dem sich rechts »The Chatsworth« befindet. **4 und 5** Maritimes Flair, viel Licht und im Sommer ein Biergarten.

spektakulär. Land's End bis St. Ives ist ebenfalls ein Muss. Der komplette Abschnitt bis Padstow ist beinahe ein einziger Sandstrand. Besonders erwähnenswert, gerade weil er etwas abgelegen ist, ist der Bereich Hartland Point mit Hartland Quay in Nord-Devon. Eine Filmkulisse für Endzeitstories! Wie Sägezähne ragen hier die senkrecht gestellten Gesteinsschichten aus dem oft wilden Atlantik. Ein Traum für Fotografen, ein Alptraum für Kapitäne und ein Friedhof der Kuschelseefahrt. Allein der im Augenblick noch vor uns liegende Abschnitt von Swanage bis Weymouth bietet mit Kimmeridge Bay, Lulworth Cove, dem viel fotografierten Felsbogen Durdle Door und den Details, die sich dazwischen befinden, wie Mupe Bay oder Tyneham Village, viel mehr als nur Stichworte. Die Lulworth Cove ist eine fast kreisrunde Bucht, deren Entstehung im Heritage Centre des Dorfes hervorragend per Video erklärt wird. Hier erfährt man auch, dass pro Jahr ca.

200 heliumgefüllte Luftballons von Gewinnspielen mit Kindern aus Frankreich über den Kanal geweht werden. Falls Sie einen finden, nehmen Sie ihn mit, zum Beispiel nach Berlin oder München, und senden Sie dann die Antwortkarte zurück nach Frankreich. Das Kind wird sich freuen.

Zeit für Weymouth

Anreise und Verbindungen

Auto: Von Dover braucht man für die 330 km ca. 4,5 h, von Swanage ca. 1 h.
Bus: Verbindungen mit Dorchester, Lyme Regis, Axminster, Poole und der Isle of Portland.
Bahn: Züge nach London Waterloo, Dorchester, Bournemouth, Bath und Bristol.
Beste Reisezeit: ganzjährig für Weymouth, Mitte Mai bis Oktober für den SWCP.

Sehen und Erleben

Weymouth & Old Harbour – Das I-Tüpfelchen des Old Harbour bildet die Town Bridge, eine Hebebrücke im Stil der Tower Bridge in London, lediglich viel kleiner. Sie öffnet sich alle zwei Stunden und gibt damit den Weg für Schiffe mit hohen Masten frei.
Isle of Portland – tolle Aussichten hinunter auf die wilde See von der Insel mit den zahlreichen Steinbrüchen. Vorsicht, nicht zu nah an die Abbruchkanten. Besonders sehenswert ist der ehemalige Steinbruch Tout Quarry. Gemeißelte Kunstwerke in den Felsen (freier Zutritt, www.learningstone.org). An der Südspitze Portland Bill steht ein Leuchtturm (Tel. +44 13 05 82 04 95, April–Sept. So–Fr 11–17 Uhr) mit guter Aussicht.
Durdle Door – ein Highlight an der Jurassic Coast! 15 m hoher Bogen aus Kalkstein, der bestimmt irgendwann einstürzt. So schnell wie möglich in der herrlichen Bucht schwimmen gehen. Anfahrt über Lulworth Cove, am Ende des Campingplatzes parken, dann noch 15 Min. zu Fuß. Durdle Door Holiday Park, Tel. +44 19 29 40 02 00, www.lulworth.com
Kajakfahren – Startpunkt ist die Lulworth Cove und dann immer Richtung Westen zum Durdle Door. Eine spannende Tour (3 h). Tel. +44 13 05 83 53 01 83 49 51, www.jurassiccoastactivities.co.uk

Unterkunft

The Chatsworth – günstig bis mittlere Preisklasse. Von der Promenade überblickt man die gesamte Bucht, von der Terrasse ist man im Sommer herrlich nah an den Segelbooten im Hafen. Die Zimmer, der Essraum und die Bar haben maritimes Flair. 14 The Esplanade, Tel. +44 13 05 78 50 12, www.thechatsworth.co.uk
Old Harbour View – günstig bis mittlere Preisklasse. Klein, aber fein. Die Lage am Hafen ist optimal. Aussicht auf den alten Hafen hat man allerdings nur von einem der Zimmer. 12 Trinity Street, Tel. +44 13 05 77 46 33, www.oldharbourviewweymouth.co.uk

Restaurants

Perry's – Mahlzeiten bzw. Menü für 12–20 £. Aus dem oberen Stock schöne Aussicht auf den Hafen. 4 Trinity Road, Tel. +44 13 05 78 57 99, www.hixoysterandfishhouse.co.uk
King Edward's – Mahlzeiten ab 6 £, eine typische Fish & Chips-Bude, aber gut und günstig. 100 The Esplanade, Tel. +44 13 05 78 69 24.

Informationen

Tourist Information Centre: The Esplanade, Weymouth, Dorset, Tel. +44 13 05 78 57 47, www.visitweymouth.co.uk

1

2

3

4

Weltnaturerbe der Extraklasse

Die Jurassic Coast: ein Ferien- und Fossilienparadies

Lyme Regis (gesprochen: Leimi Riedschis mit rollendem R) ist die königliche Stadt Lyme an der Mündung des Flusses Lym (oder Lim). Gleich westlich verläuft die Grenze zu Devon. Aber über welchen Umweg kam diese Küste zu ihrem ungewöhnlichen Namen Jurassic Coast? Hollywood ist nicht verantwortlich.

Klar lässt sich nachlesen, dass die Gesteinsformationen an der 155 Kilometer langen Küste zwischen Exmouth im Westen und den Old Harry Rocks bei Pool, bekannt als Jurassic Coast, dem Erdzeitalter des Jura zugeordnet werden. Aber wer hat dieses Zeitalter bestimmt und es so benannt? Der Name für das System Jura wurde 1795 von Alexander von Humboldt eingeführt, nachdem er die Felsen der Kalkalpen im Schweizer Kanton Jura untersucht hatte. Die Gesteinspakete, die aus dieser Zeit stammen, enthalten ganz charakteristische Fossilien, unter anderem viele versteinerte Ammoniten. Findet man diese Zeugen des Jura anderswo auf der Welt im Gestein, wissen Wissenschaftler und Hobby-Paläontologen, wie die Gesteinsschichten zeitlich einzuordnen sind. Rund 60 Millionen Jahre, den Zeitraum von vor 200 bis vor 140 Millionen Jahren, umfasst alleine das Jura. Weiter im Westen bei Exmouth gibt es rot-verrostete Gesteinsformationen, die sogar bis zu 250 Millionen Jahre alt sind. Zum Jüngsten an der Jurassic Coast gehören die weißen Kreidetürme der Old Harry Rocks an der östlichen Begrenzung. Ihnen wird die Zugehörigkeit zur Kreidezeit attestiert, der Zeitraum von vor 140 bis vor 65 Millionen Jahren. Summa summarum ca. 185 Millionen Jahre Erdgeschichte auf nur 155 Kilometer verteilt, auf ein paar Millionen mehr oder weniger kommt es in diesem Fall nicht an. Die eisenhaltigen, roten Gesteine bei Exmouth sind unter wüstenartigen Bedingungen entstanden. Zur damaligen Zeit klebte England noch am Kontinent, sodass Flüsse der heutigen Bretagne ihren Kies in die Ablagerungen transportieren konnten. Das sind die Kieselsteine, Gerölle sagt der Geologe, die man an den Stränden bei Exmouth findet. Wer heutzutage in der Umgebung von Lyme (den Zusatz Regis lassen die meisten Engländer weg) mit seinem Hämmerchen loszieht, weil er Fossilien außerhalb der Souvenirläden entdecken möchte, muss alles richtig machen und auch noch Glück haben. Richtig machen bedeutet:

1 Einsam auf The Cobb, am Hafen von Lyme Regis. **2** Das Dorado der Fossiliensucher. **3** Fluch der Karibik hinterlässt seine Spuren. **4** The Cobb inspirierte schon Jane Austen und John Fowles.

1

2

3

sich erst nach dem verregneten Winter und noch bevor die Touristenflut alles aberntet auf die Suche machen. Hangrutsche, wodurch die Versteinerungen erst freigelegt werden, passieren leichter, wenn die Schichten vom Wasser durchtränkt sind.
Etwas westlich von Lyme ist mit dem *Undercliffe* durch mehrere, teilweise gewaltige Erdrutsche eine komplett neue Küstenlandschaft mit einzigartiger Pflanzen- und Vogelwelt gestaltet worden, die mittlerweile zum National Nature Reserve erklärt wurde. Der Wanderweg hindurch, 13 Kilometer von Lyme bis Axmouth, ist nicht unanstrengend und vom Meer sieht man nichts, weil die Natur eben ziemlich gewuchert ist. Also, nicht leichtsinnig mit den Warnhinweisen entlang der Jurassic Coast umgehen. Lieber zweimal zu vorsichtig als einmal zu tot. Abstand halten von den Klippen, nur am Strand sammeln, sich vorher über die Zeiten von Flut und Ebbe (*Tide Tables* für 1,50 £ verkaufen Tankstellen und Supermärkte) informieren, nie etwas aus den Schichten herausgraben und wenn man wirklich mehr als einen Trostpreis gezogen hat, erst mal kurz die Experten im Ort draufschauen lassen.
Die Expertin überhaupt, die Anfang des 19. Jahrhunderts die Lawine des Fossilientourismus ausgelöst hat, war die Einheimische Mary Anning. In ihrem Wohnhaus unten am Hafen ist heute das Museum von Lyme Regis untergebracht. Die Autodidaktin Anning gilt als eine Wegbereiterin der wissenschaftlichen Paläontologie. Ihr Vater hatte die Kinder schon früh für Versteinerungen begeistern können. Bei ihrem erstem großen Fund, einem neun Meter langen, kompletten Ichthyosaurier, war Mary gerade einmal zwölf Jahre alt. Spätere Schätze, die sie entdeckte, waren ein Plesiosaurier und sogar der erste englische Flugsaurier. Diese Funde machten sie zur Legende und Lyme Regis weit über die Welt der Wissenschaft hinaus berühmt. Der letzte Höhepunkt dieser Entwicklung war die Aufnahme der Jurassic Coast im Jahr 2001 in den kleinen Kreis der Regionen und Baudenkmäler, denen der Status UNESCO Weltnaturerbe verliehen wurde. Stonehenge, die Stadt Bath und der Kölner Dom gehören unter anderem auch dazu.
Besucher ohne Hammer in der Hand dürfen den Strand durchaus auch betreten. Lyme ist schließlich ein kleines, sehr markantes Seebad, in dem man erholsamen Urlaub machen kann. Markant, weil der Hafen mindestens seit 1294 (erste Erwähnung) von der Mole »The Cobb« geschützt wird, einem wuchtigen Steinwall, an den man sich noch Jahre später erinnert, wenn man ihn einmal bis ans Ende, hinaus auf das Meer, begangen hat. Die Oberfläche ist uneben und fällt zur Seeseite leicht ab, ist aber

1 Aussicht vom »HIX« auf die Bucht. **2** Segelstunde im Hafen. **3** Blick über The Cobb und das Meer. **4** »The Cobb« klingt nicht nur nach Schutzwall. **5** Strandleben: Eis essen statt Muscheln suchen.

auch in feuchtem Zustand noch sicher begehbar. Sofern der Wind nicht zu bedrohlich bläst, gehört der Spaziergang über die Mole zum Pflichtprogramm. Das bunte Treiben im Hafen lässt sich herrlich beobachten und der Blick zurück zum Ort, hinter dem die grüne Küste gleich steil ansteigt, ist einfach ein Erlebnis. Dafür fährt man doch nach England, oder? Zu Dämmerungszeiten stehen sich die Fotografen auf der Mole gegenseitig im Bild, und das nicht erst, seitdem Meryl Streep »The Cobb« in dem Streifen die »Die Geliebte des französischen Leutnants« berühmt gemacht hat. John Fowles (1926–2005), der Autor der Buchvorlage, lebte ab 1965 in Lyme als Romancier und Direktor des Museums.

Ohne Schutz vor der See, wie die Stürme im Winter 2013/2014 zeigten, hätte sich Lyme Regis niemals zu einen florierenden Hafenort entwickeln können. Im Sommer dominiert hier das Strandleben. Die Segelschule übt ihre Manöver in der Bucht, Sandburgen werden gebaut und Ammoniten betrachtet man im wahrsten Sinne des Wortes im Vorbeigehen. Die Straßenlaternen wurden entsprechend hübsch gestaltet. Wer oben auf dem großen Holmbusch-Parkplatz sein Auto abgestellt hat, muss die Aussicht auf die Bucht beim Abstieg zur Strandpromenade zwangsläufig genießen. Es gibt Schlimmeres, deshalb sollten alle, die unten am »Cobb« einen Parkplatz ergattert haben, freiwillig mal

1 Baden in England: Neoprenanzug nicht vergessen! **2** Das »HIX Oyster & Fish House« verbindet Aussicht mit Gaumenfreuden.

zu den Lister Gardens hochgehen. Neben der tollen Aussicht wird Minigolf geboten und mit dem »HIX« ein sehr gutes Restaurant in fantastischer Lage.
Das noch gar nicht genannte, allererste Highlight stellt übrigens die Anreise dar. Von Osten auf der A35 kommend, erblickt man nach dem Passieren von Bridport rechter Hand auf einem Hügel eine plakative Formation von sechs Bäumen. Wie hingestellt präsentieren sie sich dort, was sie auch tatsächlich sind. Sie wurden nach Aussage von Einheimischen von Schmugglern auf den Colmer Hill gepflanzt, denen sie zur einfacheren Orientierung auf See dienten. Die A35 ein paar Kilometer weiter Richtung Lyme gefahren, geht es nach links zum Parkplatz am Golden Cap, mit 188 Metern das höchste Kliff am Ärmelkanal. Nach 30 Minuten Wanderung bietet sich eine traumhafte Aussicht über die Heritage Coast mit ihren Feldern und Wiesen. Damit es möglichst so bleibt, verwaltet der staatliche National Trust große Landflächen der Region.

Zeit für Lyme Regis & Jurassic Cost

Anreise und Verbindungen

Auto: Von Dover direkt sind die 360 km in ca. 5 h machbar, die Weiterreise von Weymouth dauert 1 h und von Swanage ca. 1,5 h.
Bus & Bahn: Lyme hat keinen Bahnhof. Die Buslinie First verbindet Lyme mit Weymouth, Dorchester und Exeter. Busse fahren mehrfach täglich, sonntags weniger.
Beste Reisezeit: für Sommerurlauber ab Mai, für Fossiliensucher ab März.

Sehen und Erleben

Strandpromenade & The Cobb – die wuchtige Mole, die den Hafen umgibt. Parkplatz am Ende der steilen Cobb Road unten rechts, direkt beim Bowling Green. Der vordere Bereich ist oft schnell voll, aber der hintere Bereich ist ebenfalls für Besucher zugänglich. Irritierend ausgeschildert.
Die Wassermühle Town Mill – direkt im Ortszentrum. Ein schöner Platz mit Atmosphäre, Café, Galerie, Bäckerei etc. www.townmill.org.uk
Lyme Regis Museum – ehemaliges Haus von Mary Anning, das ihren Werdegang lebendig macht. Einige Fundstücke. Bridge Street, Tel. +44 12 97 44 33 70, April–Okt. Mo–Sa 10–17 Uhr, So 11–17 Uhr, Nov.–März Mi–So 11–16 Uhr, www.lymeregismuseum.co.uk
Dinosaurland Fossil Museum – gerade für Kinder sehr interessant, auch viele Fundstücke und Dinosauriermodelle mit einem großen Haufen Dinokot. Coombe Street, Tel. +44 12 97 44 35 41, Feb.–Nov. 10–17 Uhr, www.dinosaurland.co.uk

Unterkunft

Hotel Alexandra – mittlere bis obere Preisklasse. Das Gebäude wurde Anfang des 18. Jhs. für eine Gräfin gebaut und hat sehr viel Atmosphäre. Eine Filmkulisse erster Güte. Merry Old England mit vielen Antiquitäten und edlen Bädern. Die meisten Zimmer mit perfekter Aussicht auf den Cobb. Pound Street, Tel. +44 12 97 44 20 10, www.hotelalexandra.co.uk
Coombe House – günstig bis mittlere Preisklasse. Es gibt Zimmer und Ferienwohnungen, *flats*. Die Räume sind generell hell und bieten reichlich Platz, sich zu bewegen. Einfach gemütlich, einfach preiswert, ohne Abstriche. 41 Coombe Street, Tel. +44 12 97 44 38 49, www.coombe-house.co.uk

Restaurants

HIX Oyster & Fish House – Mahlzeiten für 8–20 £. Schöne Aussicht auf den Hafen mit Cobb und über die gesamte Lyme-Bucht. Gerichte sind sehr variabel in Geschmack, Aufwand und Preis. Wirklich ein Tipp! Cobb Road, Tel. +44 12 97 44 69 10, www.hixoysterandfishhouse.co.uk
Café Sol – mit kleinem Garten, empfehlenswert für gutes und günstiges Frühstück oder Kleinigkeiten. Coombe Street, Tel. +44 12 97 44 34 04.

Informationen

Tourist Information: Church Street, Lyme Regis, Dorset, Tel. +44 12 97 44 21 38, www.lymeregis.org

Schöne Wildnis und ein Platz an der Sonne Devon

Eine Bucht zum Träumen: die Ladram Bay westlich von Sidmouth.

1

2

3

Kathedralen aus der Hand der Natur

Augenblicke zwischen Sidmouth und Exeter

Gerade noch der Weitblick auf das Meer von The Cobb in Lyme Regis, nun kein Durchblick im »Urwald« westlich von Lyme, während der Weiterfahrt nach Sidmouth. Gefolgt von einem atemberaubenden Anblick der Ladram Bay und Einblicken in die englische Geschichte mit der Kathedrale von Exeter als Zentrum. Mehr Vielfalt kann man sich nicht wünschen.

Steil geht es den Hang hinauf, wenn man Lyme im Auto gen Westen verlässt. Auf der Karte ist die A3052 nach Sidmouth grün markiert, als landschaftlich schöne Strecke. Tatsächlich präsentiert sich zumindest der Anfang so grün, dass der Autofahrer von der Schönheit »draußen« nicht viel mitbekommt. Das dichte Blattwerk der Bäume lässt lediglich einen Tunnelblick bis zur nächsten Kurve zu. Auf der relativ schmalen Landstraße ist volle Konzentration angesagt, mit dem Nebeneffekt, dass man die Ankunft in der Grafschaft Devon fast nicht bemerkt. Die Grenze verläuft ein paar Kilometer westlich von Lyme. Sidmouth liegt genau wie Lyme an der Mündung eines Flusses, nämlich der des kleinen River Sid. In östlicher Richtung, ganz am Ende der Uferpromenade wartet es mit einer Art kleinerem Cobb auf. Diese Mini-Mole nehmen gern Angler in Beschlag. Wer sie erreicht hat, kommt zuvor am Stolz der Stadt vorbei, einer Front aus denkmalgeschützten, eleganten Regency-Häusern parallel zur Strandpromenade. Viele Hotels säumen sie, darunter auch das »Royal York and Faulkner« fast am Ende der Straße.
Sidmouth wirkt klein, obwohl es tatsächlich dreimal so groß ist wie Lyme. Möglicherweise, weil es so ruhig und beschaulich ist, im Vergleich zu Lyme Regis, wo – zumindest in der Hochsaison – nicht nur »The Cobb« recht überlaufen ist. Das Strandleben in Sidmouth wirkt entspannend, weil nicht viel passiert. Man hockt sich in einen der farbenfrohen Klappstühle, bringt die Sonnenbrille in die richtige Position und »lässt den lieben Gott 'nen guten Mann sein«. Kaum ist der Gedanke zu Ende gedacht, reißt das laute Geklapper von Pferdehufen die vor sich hin Dösenden aus der Lethargie. Ein Reiter, gut versorgt mit demonstrativ zur Schau getragener Oberkörperathletik, treibt sein weißes Pferd an den Strand und von dort in die Wellen. Ein Bild für die Götter, aber vor allem eine spektakuläres Fotomotiv und schlagartig gibt es wieder freie Sonnenstühle.

1 Nachtangeln in Sidmouth. **2** Ob dem Pferd das wirklich gefällt? **3** Sonnenbaden auf der Promenade in Sidmouth. **4** Die Kathedrale von Exeter mit dem steinernen Richard Hooker im Vordergrund.

1 Die Promenade von Sidmouth im Morgengrauen. **2** An der Ladram Bay stehen die ältesten Steine an der Jurassic Coast. **3 und 4** Die Kathedrale St. Peter in Exeter. **5** Türeingang gegenüber der Kathedrale. **6** Sidmouth Fußgängerzone. **7** Die Domfreiheit, ein Platz an der Kathedrale in Exeter.

Die meisten Seebäder in England wurden früher oder später mit dem Besuch eines oder mehrerer Mitglieder der Royal Family beehrt. Vermutlich wurde in London eine Liste geführt, damit bei der geplanten, sich anschließenden Vermarktung des Besuchs kein Ort Grund hatte, sich benachteiligt zu fühlen. In dieser Hinsicht hatte Sidmouth zunächst richtig Pech. Der Duke of Kent, Vater der späteren Queen Victoria, gab sich mit seiner Gemahlin und dem damals sieben Monate alten Töchterchen Victoria im Dezember 1819 die Ehre und machte so ziemlich alles falsch. Er zog sich in Sidmouth eine Lungenentzündung zu und starb dort im Januar 1820, nur sechs Tage vor seinem mental gestörten Vater King George III. Nun musste einer nach dem anderen zu Grabe getragen werden. Erst der König, dann der Duke, weshalb diese unangenehme Situation für Sidmouth noch bis in den Februar hinein andauerte.

Solche abrupt endenden Biografien haben die Esel in dem Tierheim an der A3052 nicht. Den Langohren im Donkey Sanctuary Sidmouth wird der Lebensabend so angenehm wie möglich gestaltet. Manche wurden aus unglaublicher Verwahrlosung gerettet (Bilder vor Ort sprechen Bände), andere haben einfach nur ein verschleißendes Arbeitsleben hinter sich. Der Eintritt ist frei und stellt für Kinder von vier bis 80 ein wirklich unterhaltsames Erlebnis dar, das nachdenklich macht.

Auf direktem Weg von Sidmouth nach Exeter sind es mit dem Auto gerade mal 40 Minuten. Der direkte Weg ist aber nicht unbedingt zu empfehlen, da man dann die Ladram Bay, ein wenig westlich, gar nicht besucht. Hier präsentiert die Jurassic Coast so ziemlich ihre ältesten Gesteine: über 200 Millionen Jahre alte herrlich rote Sandsteine. Die Felsnadeln im Wasser haben den gleichen Ursprung. Die schöne, rote Färbung im Gestein wird durch eisenhaltige Minerale hervorgerufen. Natürlich nur, wenn diese die Möglichkeit bekommen, an der frischen Luft im Kontakt mit Sauerstoff zu verrosten. Und für eine besonders intensive Rotfärbung, wie an der Ladram Bay, müssen besonders gute Bedingungen herrschen, wie es sie vorwiegend in Wüstengebieten gibt, weshalb man sich ziemlich sicher ist, dass in der

Region, in der dieser Teil der Jurassic Coast vor über 200 Millionen Jahren »gebacken« worden ist, ziemlich wüste Verhältnisse geherrscht haben müssen. Bei Tag toll, bei Nacht sensationell, wenn der Mond die Felsnadeln bescheint, die Sterne hinter den Wolkenfetzen leuchten und der 2000-Watt-Scheinwerfer oben am Klippenrand die ganze Bucht in orangefarbenes, nicht zu helles Licht taucht. Ein Blickfang und eine Atmosphäre, die demütig macht, in einer weiteren Kathedrale der Natur.

Ein Eyecatcher im orangefarbenen Licht ist auch die Westfassade der Kathedrale von Exeter, abends wenn die Sonne untergeht. Sollte exakt diese Prachtansicht des hochgotischen Gotteshauses mit seinen vielen Steinfiguren von Königen, Engeln und Aposteln mal wieder hinter Baugerüsten versteckt sein, sucht man sich einfach eine andere Perspektive. Es ist überall schön in der Umgebung dieser Kathedrale und auch drinnen, falls es nicht zu voll ist. Der Cathedral Close, die Domfreiheit mit ihren Fachwerkhäuschen, war lange Zeit so ziemlich der einzige Teil von Exeter, dem Wiederaufbaumaßnahmen seine Atmosphäre von einst zurückgaben.

Auch Exeter nahm durch die Bombardements von Hitlers Luftwaffe schweren Schaden. Ähnlich wie Portsmouth gibt sich aber

1 Salon im »Royal York and Faulkner Hotel«. **2** Standuhr im Lesezimmer. **3** Hinter der Drehtüre wartet das Restaurant. **4** Das »RYFH« war schon immer ein Hotel. **5** Me(e)hr Ausblick geht nicht. **6** Kleiner Spa im Keller für müde Urlauber.

auch Exeter wirklich alle Mühe, Besuchern über die Jahre immer wieder etwas Neues zu bieten. Im Alten Hafen am River Exe mit seinen Pubs und Cafés in den ehemaligen Magazinhäusern oder in der Fußgängerzone am modernen Einkaufszentrum »Princesshay« kann man einen schönen Tag durchaus sehr angenehm ausklingen lassen.

Vor dem Herzstück von Exeter, der Kathedrale St. Peter, sitzt der steinerne Richard Hooker auf einem Podest und liest in der Bibel. Hooker war von Heinrich VIII. (der mit den sechs Frauen) beauftragt worden, für den theologischen Unterbau der damals ganz neu gegründeten Anglikanischen Kirche zu sorgen. Heinrich hatte sich von seinem Geschäftspartner, dem Papst in Rom, getrennt, weil der ihn nicht von seiner Ehefrau scheiden wollte. In letzter Konsequenz gründete Heinrich VIII. seine eigene Kirche, machte sich selbst zum Oberhaupt und vollzog höchstpersönlich die Scheidung von seiner Frau. Bei seinen insgesamt fünf Trennungen ging er bekanntermaßen zweimal einen Schritt zu weit, indem nicht nur er sich von der Frau trennte, sondern dieser auch gleich noch den Kopf von ihrem Rumpf. Die katholischen Klöster auf der Insel wurden aufgelöst, der Besitz ging in seinen über. Von dem frischen Reichtum ließ er die Seeflotte bauen, die dann wiederum ca. 50 Jahre später die spanische, wenn man so will, katholisch beflaggte Armada zerstörte. Das

Gerücht, Francis Drake habe den Schlachtplan in Mol's Coffee House am Cathedral Close ausgeheckt, dürfte relativ unrealistisch sein (siehe S. 71 ff.). Tatsache soll dagegen sein, dass Francis Drake werbewirksam das Shipp Inn, ein paar Meter weiter, als eine Art Stammkneipe gepriesen hat: »Next to mine own shippe I do most love that old 'Shippe' in Exon.«

Zeit für Sidmouth & Exeter

Anreise und Verbindungen

Auto: Von Dover direkt sind die 400 km nach Exeter in ca. 5 h machbar, die Weiterreise aus dem Raum Dorchester/Weymouth nach Sidmouth dauert ca. 1h.
Bus: Exeter ist mit Weymouth und Poole verbunden. Sidmouth wird mit Exmouth und Exeter verbunden.
Bahn: Exeter ist über Axminster mit London Waterloo Station verbunden.
Beste Reisezeit: ganzjährig.

Sehen und Erleben

Kathedrale Exeter – als Gesamtkunstwerk vielleicht die schönste Kathedrale in Südengland. Die normannischen Türme, ab ca. 1114, harmonieren wunderbar mit den Gotikvarianten, in denen später weiter- und umgebaut wurde. Es ist die Kathedrale mit dem längsten gotischen Gewölbe. Eine Welt für sich, in der man sicher einen kompletten Ruhetag einlegen kann. Tel. +44 13 92 25 55 73, www.exeter-cathedral.org.uk, Mo-Sa 9-16.45, So 11.30-15.30 Uhr, Eintritt 8 £, Dachführungen 90 Min., schöne Aussicht auch vom Turm.
Donkey Sanctuary – das Tierheim für Esel bei Sidmouth an der A3052 Richtung Lyme Regis. Für Kinder fast ein Muss. Tel. +44 13 95 57 82 22, www.thedonkeysanctuary.org.uk
Norman Lockyer Observatory – Sternwarte. Wem der Sternenhimmel in der Ladram Bay nicht ausreicht, der kann hier mehr sehen. Salcombe Hill Road, Sidmouth, Tel. +44 13 95 51 20 96, Öffnungszeiten kurzfristig, deshalb bei gutem Wetter buchen, www.normanlockyer.org
Stuart Line Cruises – Bootstouren & Surfen, mit dem Boot einen Teil der Jurassic Coast vom Wasser aus erkunden, ab Exmouth, Topsham und Sidmouth. Tel. +44 13 95 22 21 44, www.stuartlinecruises.co.uk

Unterkunft

Royal York and Faulkner Hotel – mittlere bis obere Preisklasse. Das einzige Gebäude, das schon 1807 als Hotel geplant war. Zu einem royalen Hotel veredelt wurde es durch den Besuch von Edward VII. im September 1856. Auch wenn es altehrwürdig ausschaut, ist es dank des Hotelmanagers Paul (Hobbies: Kite-Surfen und Gleitschirmfliegen) und seines Teams ein frisches und dynamisches Hotel. Esplanade, Sidmouth, Devon, EX10 8AZ, Tel. +44 13 95 51 30 43, www.royalyorkhotel.co.uk
Ladram Bay – Ein Tipp für Camper: Die Bucht ist besonders in der Abenddämmerung ein Traum. Ein zweiter Tipp: frühzeitig buchen! Holiday Park bei Otterton, Tel. +44 13 95 56 83 98, www.ladrambay.co.uk

Restaurants

Herbies – Mahlzeiten für 5-10 £. Ein kleines vegetarisches Restaurant. Lecker, gemütlich, günstig. 15 North Street, Exeter, Tel. +44 13 92 25 84 73, tgl. außer So 11-14.30 Uhr, Di-Sa auch 18-21.30 Uhr

Informationen

Information Centre: Ham Lane, Sidmouth EX10 8XR, Devon, Tel. +44 13 95 51 64 41, www.visitsidmouth.co.uk
Visitor Information: Dix's Field, Exeter, Devon, Tel. +44 13 92 66 57 00, www.exeter.gov.uk

1

2

3

4

Der Elefant auf dem Bowling Green

Die »Englische Riviera« an der Tor Bay

Heimat der »Duchess of Death«, wie sich die Krimiautorin Agatha Christie selbst nannte, wird die Tor Bay gerne genannt. Zum Zeitpunkt ihrer Geburt waren weitere Top-Literaten wie Alfred Tennyson (Hofdichter), Robert Louis Stevenson (»Die Schatzinsel«) oder Oscar Wilde (»Eine Frau ohne Bedeutung «) bereits zu Besuch gewesen, und das aus gutem Grund.

Als unbewusster, aber entscheidender Macher für die »Englische Riviera« entpuppte sich Napoleon Bonaparte höchstpersönlich. Der gar nicht so kleine Kriegstreiber war immer noch böse (und) verärgert, weil Lord Nelson ihm 1805 bei Trafalgar zunächst seine Schiffe kaputtgemacht hatte und der Feind von der Insel dann auch noch die Frechheit besaß, eine Seeblockade gegen die französische Küste durchzusetzen. Also reagierte er Ende 1806 mit der Kontinentalsperre, die England vom Handel mit dem Kontinent abschneiden sollte. Eine Wirtschaftsblockade, die England, im Nachhinein betrachtet, unterm Strich wenig schadete, für Napoleon aber den Anfang vom Ende darstellte. Nebeneffekt dieser Handelsblockade, die bis 1814 mehr oder weniger strikt eingehalten wurde, war, dass reiche Engländer, die bis dahin den Winter regelmäßig an der Französischen Riviera verbracht hatten, erstmal gar nicht wussten, wo sie denn nun ihr Geld ausgeben sollten. Bis man sich erinnerte, dass es auf der heimischen Scholle doch auch ganz hübsche Seebäder gibt. In diesem Zeitraum expandierte der palmenverzierte Küstenstreifen von Torquay im Norden über Paignton bis Brixham im Süden zur sogenannten »Englischen Riviera« maßgeblich.
Torquay ist der größere und elegantere Ort. Paignton hat zwar einen schönen Strand mit Pier und den drittgrößten Zoo in England, aber in der geschmacklich abstoßenden Hauptstraße reihen sich Schundläden an Spielhöllen, so extrem, als wolle der Ort sich selbst karikieren. In Torquay dagegen lernt man geradezu schwimmend Englisch. Der Badeort ist berühmt für Sprachferien und auch viele Rentner verbringen hier ruhige Urlaube unter Palmen. Bekanntermaßen verwöhnt der Golfstrom die ganze Region mit relativ mildem Klima, von den Winterstürmen mal abgesehen. Etwas oberhalb des Strandes links der Torbay Road liegen der Bowling Club und schöne Parks, die zum Flanieren und Eisessen einladen. Stundenlang kann man den mehr-

1 Bowling am Sonntagnachmittag. **2** Die Seeseite des »Redcliffe Hotel« in Paignton. **3** Unvermeidlich: das Riesenrad in Torquay. **4** Torquay, das »englische Neapel«, vom Bowling Club aus gesehen.

1

2

heitlichen »Oldies« beim Bowling zuschauen, sich amüsieren und mitreißen lassen von der Begeisterung, mit der sich hier 70- bis 80-jährige gegenseitig anfeuern. Auf der Rasenfläche links unterhalb steht meist die obligatorische Kirmes und manchmal schlägt ein Zirkus hier sein Zelt auf. Um 1900 herum entlief ein Elefant und rannte schnurstracks die Böschung zum Bowling-Club hoch. Nach längeren Bemühungen konnte er mitten auf dem Grün zwar eingefangen werden, der Spielbetrieb aber musste in der Saison, aufgrund des zerstörten Rasens, abgesagt werden.
Das milde Klima machte Torquay, das wie Rom auf sieben Hügeln erbaut wurde, schon früh attraktiv für zahlreiche Literaten von Rang. Einer legte hier zumindest einen Stein für das Mosaik, das zu seinem persönlichen Waterloo führen sollte, ähnlich Napoleon ein paar Jahrzehnte vorher. Oscar Wilde, der irische Schriftsteller, der mit seiner Homosexualität für die damalige Zeit reichlich offen umging. Er mietete 1892 in Torquay für die Wintermonate eine Villa an, um sich hier ungestört mit seinem Liebhaber Lord Alfred Douglas zu treffen. Dessen Vater passte dies

3

1 Blick zurück von Torquays Pier. **2** Es wird Nacht über Torquay. **3** Gorilla und Riesenrad – Gegensätze ziehen sich wohl an. **4** Der Jachthafen von Torquay. **5** Brunnen vor dem verfallenden Pavillon in Torquay.

gar nicht; er trat eine Skandallawine mit Prozessen los. Wilde verlor und musste ins Zuchthaus, wo seine Gesundheit schwer Schaden nahm, sodass er ein paar Jahre nach seiner Entlassung in Paris starb. Wilde war vor allem für seinen Humor bekannt. Auf dem Sterbebett kommentierte er die Tapete in seinem Zimmer: »Entweder diese scheußliche Tapete geht, oder ich.«

Wer eine Anleitung zur Erkundung von Torquay benötigt, kann sich wunderbar an den »Agatha Christie Trail« halten, ein Faltblatt bekommt man in der Touristeninformation. Ein verlängerter Anfang des Lebens von Agatha Christie zieht sich als roter Faden durch die Geschichte Torquays. Am Pavillon von 1913 lernte die damalige Miss Miller ihren ersten Mann, Leutnant Archie Christie, kennen. Der Pavillon von Torquay ist architektonisch eigentlich viel zu schön, um ihn verfallen zu lassen. Zuletzt waren Ein-Pfund-Läden darin untergebracht, inzwischen ist er komplett verschlossen und wartet hinter Sperrzäunen auf seine Rettung. Während des »Großen Krieges« pflegte Agatha Christie als Krankenschwester verwundete Soldaten im Rathaus von Torquay, das damals als Lazarett diente. Hier lernte sie auch, in welchen Dosierungen Medizin zum Gift wird. Eine Anregung, die sich noch in klingender Münze auszahlen sollte.

Ein paar Minuten in südöstlicher Richtung vom Jachthafen aus erreichen Spaziergänger Beacon Cove. Wäre Christie hier als Kind ertrunken, die Gefahr bestand tatsächlich, gäbe es *die* Agatha-Christie-Pilgerstätte schlechthin heutzutage gar nicht. Nämlich »Greenway«, ein Anwesen, das sie als wunderschön am River Dart gelegenes Feriendomizil 1938 gemeinsam mit ihrem zweiten Ehemann kaufte. Dem 14 Jahre jüngeren Archäologen sponsorte sie einen Teil seiner Ausgrabungsarbeiten. Durchaus mit Rendite, da die zahlreichen Reisen in den Orient sie zu weiteren Morden auf Papier inspirierten, die sich anschließend sehr gut verkauften.

Der dritte Ort im Bunde der »Englischen Riviera«, Brixham im Süden, ist definitiv der schönste und authentischste Hafenort.

1 Große Zimmer im »The Redcliffe Hotel«. **2** Das Poolwasser hat 33 Grad. **3 und 5** Ein Lichtblick im Gewitter: »The Redcliffe Hotel«. **4** Offene Kamine stehen hier auf den Fluren.

Die kleinen Fischerboote werden nach wie vor professionell eingesetzt, nicht nur für Postkartenfotos. Der Fischfang in England ist ein wieder erstarkter Wirtschaftszweig, der Menschen ernährt, zusammen mit dem Tourismus. Der neue Fischmarkt lädt durchaus dazu ein, sich fangfrischen Fisch anzuschauen, bevor er in den Restaurants am Hafen auf die Teller kommt. Neben den Fischerbooten dümpeln ein paar Jachten im Wasser, mittendrin ein Nachbau der »Golden Hind«, das Schiff, mit dem Francis Drake als Freibeuter, also legalisierter Pirat, die Welt umrundete, um unter anderem den Spaniern das schon geräuberte Inkagold wieder abzunehmen. Bei ihrer Rückkehr nach Plymouth soll die »Golden Hind« tief im Wasser gelegen haben. Man muss sich vorstellen: auf dem Schiff waren angeblich ca. 80 Menschen, von denen viele von den berüchtigten *pressgangs* zur Seefahrt gezwungen worden waren und nun drei Jahre auf See bei

schlechtem Essen und unter hygienisch miesesten Bedingungen miteinander klarkommen mussten. Dass dies nur funktionierte, weil vonseiten der Offiziere unmenschliche Disziplin eingefordert wurde, ist nachvollziehbar.

Wer vom Hafen den Hang hinauf zur Landspitze Berry Head geht, um dort auf das Meer zu schauen, wandelt auf historisch bedeutsamen den Pfaden. Hier bewegten sich schon am 24. Juli 1815 die Menschenmassen durch Brixham, um sich ein einmaliges Spektakel auf See nicht entgehen zu lassen. Vor Brixham ankerte damals, umlagert von vielen kleinen Booten mit Schaulustigen, ein »Taxi-Kriegsschiff« der Royal Navy, das Napoleon Bonaparte in Frankreich abgeholt hatte, um ihn nach England zu bringen. Der entmachtete Kaiser hoffte insgeheim auf ein angenehmes Exil im Lande seines ärgsten Feindes. Definitiv nicht die erste erschreckend-unrealistische Einschätzung des angeblich so großen Strategen. Noch auf See, im Hafen von Plymouth, wurde er umgeladen: von der »HMS Bellerophone« auf die hochseetüchtigere »HMS Northumberland«, die ihn dann nach St. Helena brachte, ohne dass er jemals englischen Boden betreten hätte.

Zeit für die »Englische Riviera«

Anreise und Verbindungen

Auto: Von Dover sind die 430 km nach Torquay in ca. 6 h machbar, die Weiterreise aus dem Raum Exeter nach Torquay dauert ca. 45 Min.
Bus: Verbindungen mit Teignmouth, Dartmouth und Totnes. Die Linie 12 verbindet Torquay, Paignton und Brixham.
Bahn: Verbindungen mit Teignmouth, Newton Abbot und Dawlish.
Beste Reisezeit: ganzjährig.

Sehen und Erleben

Nach Greenway mit der Fähre – die Schiffe fahren nur, wenn Agatha Christies ehemaliges Anwesen bei Dartmouth geöffnet ist. Abfahrt an der Princess Pier am Jachthafen, nähe Pavilion. Tel. +44 18 03 84 40 10, www.greenwayferry.co.uk
Torquay Museum – zeigt Torquay zur Zeit von Agatha Christie. Viele Bilder und Souvenirs, nicht nur für Agatha-Fans oder geschichtlich Interessierte. 529 Babbacombe Road, Tel. +44 18 03 29 39 75, Juli–Sept. Mo–Sa 10–17 Uhr, So 13.30–17 Uhr, www.torquaymuseum.org
Living Coasts – ein Unterwasserzoo, ein Aquarium, ein riesiges Gehege mit angelegten Tunneln unter Wasser und künstlichen Biotopen. Stars sind die Pinguine, Robben, Papageientaucher. Beacon Quay, Tel. +44 18 03 20 24 70, 10–17 Uhr, www.livingcoasts.org.uk
Brixham – der Hafen mit seinem neuen Fischmarkt ist sehr atmosphärisch und Kinder zieht der Nachbau der »Golden Hind«, dem Schiff von Francis Drake an.

5

Unterkunft

The Redcliffe Hotel – günstig bis mittlere Preisklasse. Das Gebäude wurde Anfang des 18. Jhs. für eine Gräfin gebaut. Eine ideale Filmkulisse mit viel Atmosphäre. Merry Old England mit Antiquitäten und edlen Bädern. Die meisten Zimmer haben Aussicht auf den Cobb. Marine Drive, Paignton, Tel. +44 18 03 52 63 97, www.redcliffehotel.co.uk

Restaurants

Orange Tree – Hauptgerichte ab 15 £. Schöne Aussicht auf den Jachthafen. Serviert werden Fangfrisches aus dem Meer ebenso wie Wildgerichte und Pasta. Auch die Nachspeisen sind lecker. 14–16 Park Hill Road, Tel. +44 18 03 21 39 36, www.orangetreerestaurant.co.uk
Weitere Restaurants gibt es reichlich entlang der Park Hill Road, in der Nachbarschaft des »Oranges Tree«, auch für den kleineren Geldbeutel, z. B. ein gutes und günstiges Thai-Restaurant, ein Fish & Chips etc.

Informationen

Torquay Tourist Office: Vaughan Parade, Torquay, Devon, Tel. +44 18 03 21 12 11, www.englishriviera.co.uk
Brixham Tourist Office: The Quay, Brixham, Devon, Tel. +44 180321 12 11, www.englishriviera.co.uk

sugazone
UFO'S
IN STOCK
1

Sandy toes & Salty Kisses
Sun-kissed noses and...
...sweet reminisces xxx
2

3

4

Schick, idyllisch und hoch historisch

Ein Lieblingsort in England? Dartmouth!

Der sonnigste Ort, das höchste Kliff, der schönste Hafen – das Idyll Dartmouth muss man nicht herbeireden, weil es einfach schon immer da war: Die Lage am Wasser, die Schönheit des Küstenverlaufs dieser Meeresbucht, die bunten Häuser am Hang, wenn sie golden von der Sonne angestrahlt werden, die Geschichte und das Leben auf dem Wasser.

Von Paignton oder Brixham aus erreicht man am Ende der Straße zunächst die Fähre in Kingswear. Etwa 50 Meter vor der Anlegestelle zieht sich nach links eine kleine Straße in Serpentinen den Hang hinauf. Wer ihr ca. 10 Minuten zu Fuß folgt, wird mit den schönsten Blicken auf Dartmouth belohnt, das auf der gegenüberliegenden Seite des Flusses liegt. Die kleinen Parkplätze der Wohnhäuser in dieser exklusiven Hanglage sind gute Aussichtsplattformen. Ist das ein romantische Flusspanorama!
Und was sich in den beiden Orten, die mit Fähren verbunden sind, schon alles ereignet hat! Im Jahr 1190 soll Richard Löwenherz von hier gestartet sein, um mit den Kreuzrittern in Richtung Heiliges Land zu segeln. 1588 ist zumindest ein Teil der englischen Flotte von Dartmouth ausgelaufen, um die Armada zu bekämpfen und vor dem D-Day lagen auf dem Fluss rund 400 graue, schwere Schlachtschiffe vor den Deutschen versteckt. Man wartete in dem tiefen Naturhafen auf das Startkommando zur Landung in der Normandie. Selbst die »Mayflower« musste auf ihrem Weg von Southampton nach Amerika schon den ersten »Reifenstopp« in der Bayard's Cove einlegen. Nach dem Sieg gegen die Armada wurden dann entlang der Kanalküste etliche neue Kneipen gebaut, und zwar mit dem angetriebenen Holz spanischer Wälder. So auch hier im Hafen von Dartmouth.
Ab 1481 hatte man weiter flussabwärts das Castle gebaut, denn im Hundertjährigen Krieg hatte es schon zweimal von Frankreich aus Angriffe und Plünderungen gegeben. Nun konnte man die Flussmündung mittels einer stabilen Eisenkette für Schiffe sperren und den dann unbeweglichen Zielen ganz entspannt aus den hauseigenen Kanonen angemessene Begrüßungsgeschenke hinunterschicken. Von beiden Seiten, da Kingswear ebenfalls ein Castle besitzt. Lässt man den Blick von seinem Aussichtspunkt in Kingswear weiter stromaufwärts schweifen, fällt auf der Anhöhe oberhalb von Dartmouth ein riesiges Gebäude aus rötli-

1 Sie sagte, er sei ihr »Boyfriend«. **2** Goodrington Beach. **3** Morgens in Dartmouth. **4** Die Fähre von Dartmouth nach Kingswear und zur »Paignton and Dartmouth Steam Railway«.

1

2

3

chem Stein auf. Es wirkt militärisch und es ist das Britannia Royal Naval College, eine Ausbildungsstätte, in der angehende Offiziere der Navy einen Teil ihrer Ausbildung durchlaufen. Auch für die Prinzen Charles, Andrew und Edward stellte es eine Zeitlang das Zuhause dar. 1905 ersetzte das Gebäude zwei Ausbildungsschiffe, die bis dahin unten im Wasser des Dart verankert waren. Eine Führung, speziell an Regentagen ist durchaus lohnenswert, schon wegen der Anekdoten zu den Studenten.
Kehren wir zurück von unserer Aussichtsplattform an die Anlegestelle der Autofähre in Kingswear. Übrigens: Wer plant, in Kingswear keine Zeit zu verbringen, sollte im Hochsommer besser die Straße von Paignton über Totnes direkt nach Dartmouth nehmen und vermeidet so die lange Wartezeit vor der Fähre. Nur wenige Meter neben der Anlegestelle, absolut unübersehbar, liegt der Bahnhof, von dem während der Saison die Dampfloks der »Dartmouth Steam Railway and River Boat Company« nach Paignton tuckern. Das Ganze auch in Kombination mit herrlichen Bootstouren. Mindestens eines von Beidem sollte man an einem sonnigen Tag unbedingt machen, zumal die Preise erschwinglich sind. Die Dampflok hat auch Panoramawagen mit riesigen Glasfenstern und entlang der Strecke gibt es viel zu sehen.
Kurz bevor der Zug einer langgezogenen Rechtskurve folgt, hat man den Blick frei über den Dart auf das Anwesen »Greenway«, das Agatha Christie 1938 zusammen mit ihrem zweiten Ehemann als Feriendomizil erwarb. Noch besser ist die Ausicht von den Schiffen der »River Boat Company«, die bis Totnes fahren, wo der Fluss dann bald zu schmal wird. Haus und Garten von »Greenway« liegen genau in einer Biegung des Flusses. Schöner wohnen geht nicht, wenn man mal nicht an Hochwasser denkt. Queen Victoria nannte den Fluss den englischen Rhein, womit sie belegte, dass selbst eine englische Queen ihr anerzogenes Understatement hin und wieder ablegt. Der Dart hat seine Quellen in East- und West Dart River im Dartmoor, was definitiv nicht annähernd so weit entfernt ist wie die Schweiz von der Nordsee bei Rotterdam in den Niederlanden.
Das Ereignis schlechthin im Veranstaltungskalender von Dartmouth ist die jährlich Ende August die dreitägige Royal Dartmouth Regatta mit allem, was man auf, neben und über der Wasser inszenieren kann, inklusive einer Flugshow. Der beste Aussichtspunkt ist die Wiese deutlich oberhalb der Fähranlegestelle Lower Ferry in Dartmouth. Da es ca. 800 Meter flussaufwärts auch noch eine Higher Ferry gibt, bietet dies die schöne

1 Das Hafenbecken im Seglerstädtchen Dartmouth. 2 Oberhalb von Kingswear hat man den besten Blick. 3 Der River Dart, für Queen Victoria ein »englischer Rhein«. 4 Der Traumstrand Blackpool Sands bei Stoke Flemming.

Möglichkeit, bei einer kleinen Rundwanderung die beiden Orte am Fluss kennenzulernen. Andererseits hat Dartmouth alleine genug zu bieten. Vieles entdeckt man schon, indem man einfach mal die Flusspromenade zwischen Lower Ferry und Hafen, genannt »Boat Float«, entlangpilgert. Viel Fachwerk, bunt angemalte Häuser – alles strahlt Wohlstand und Lebensqualität aus. Dementsprechend zieht Dartmouth ein Publikum an, das die Möglichkeit hat, viel Geld für schicke Jachten und alles andere auszugeben. Feine Restaurants, tolle Hotels, zu dem auch das Royal Castle Hotel am »Boat Float« gehört und das Brown's Hotel um die Ecke in der Victoria Road. Die Bar des Royal Castle Hotel soll seinerzeit unter Verwendung von Treibholz spanischer Armada-Schiffe gebaut worden sein. Nicht schöner, aber genauso auffällig wie das weiße Hotel ist das eher schwarze, sogenannte »Butterwalk« aus dem Jahr 1640. Das ziemlich schiefe Holzgebäude, dessen Front auf Granitsäulen steht, wirkt eher improvisiert als durchdacht. Hier ist das Museum von Dartmouth untergebracht, das die Seefahrerhistorie dieses außergewöhnlichen Ortes dokumentiert.

Folgt man mit dem Auto der Victoria Road stadtauswärts, immer weiter den Hang hinauf, erreicht man erst das Dorf Stoke Flemming, und sieht dann den Traumstrand von Blackpool Sands lin-

1 Das gemütliche Foyer im »Browns Hotel«. **2** Die Weinbar des Hotels. **3 bis 6** Das »Browns Hotel« ist ein liebevoll und großzügig eingerichtetes Boutique-Hotel direkt im Zentrum von Dartmouth. Die Zimmerkategorien reichen von luxuriös bis klassisch-komfortabel.

ker Hand. Eine so herrliche Bucht, dass man sich kaum vorstellen kann, dass sie 1944 einer von mehreren Übungsstränden war, die immer wieder mit Landungsbooten umgepflügt wurden, als alliierte Truppen die spätere Landung in der Normandie simulierten. Ein paar Kilometer weiter südlich, in Slapton Sands, sind bei einer ähnlichen Übung amerikanische Landungsboote von deutschen U-Booten mit Torpedos beschossen worden: 700 Tote und mehrere versenkte Panzer. Einer steht als Sherman Tank Memorial an der Straße kurz vor Torcross. Es wurden damals, von den Generälen ganz menschenverachtend kalkuliert, überwiegend 18- bis 20-jährige GI's als *food for powder* (Kanonenfutter) für den D-Day ausgesucht, weil sie noch entsprechend unerfahren und naiv waren. Wenige werden sich in der Idylle von Blackpool Sands ausgemalt haben, was es bedeuten würde, später direkt aus dem Landungsboot in deutsches MG-Feuer zu rennen.

Zeit für Dartmouth

Anreise und Verbindungen

Auto: Von Dover direkt sind die 440 km nach Dartmouth in ca. 6 h machbar, die Weiterreise aus dem Raum Exeter nach Dartmouth dauert ca. 1 h.
Bus: Die Linie 111 verbindet Dartmouth mit Torquay und Totnes.
Bahn: Verbindungen mit Totnes, Plymouth und Exeter. Totnes liegt an der Hauptstrecke zwischen London Paddington und Penzance in Cornwall.
Beste Reisezeit: ganzjährig.

Sehen und Erleben

Greenway – Agatha Christies Feriendomizil ist beliebt. Die Besuchszeit ist mittels Stempel auf der Eintrittskarte limitiert. Greenway Road, Galmpton, Devon, TQ5 0ES, Tel. +44 18 03 84 23 82, März.–Okt. Mi–So 10.30–17 Uhr, Juli–Aug. auch Di. (www.nationaltrust.org.uk/greenway). Zu Fuß sind es von Kingswear 6,5 km. Die Fähre legt in Dartmouth ab, die Zeiten ändern sich stark. Tel. +44 18 03 88 28 11, www.greenwayferry.co.uk
River Dart mit Boot & Bahn – Die Fahrt nach Totnes dauert ungefähr 1,5 h. Abfahrt ist am South Embankment. Kombitickets vor Ort erfragen oder unter Tel. +44 18 03 83 44 88, www.dartmouthrailriver.co.uk
Blackpool Sands – Traumbucht, mit dem eigenen Auto in ca. 15 Min. ab Dartmouth erreichbar. Einfach stadtauswärts der A379 Richtung Torcross folgen. Hinter Stoke Fleming links unten sichtbar. Mit dem First Bus Nr. 93 von Dartmouth nach Kingsbridge. www.blackpoolsands.co.uk
Britannia Royal Naval College – Ausbildungsstätte für angehende Offiziere der Navy. Führungen mit vielen Anekdoten. College Way, Dartmouth, Tel. +44 18 03 67 77 87, Führungen April–Okt. Mi–So 14 Uhr.

Unterkunft

Browns Hotel – mittlere bis obere Preisklasse. Das Gebäude ist klein, aber sehr fein und nur ein paar Schritte vom Wasser entfernt. Stylish, modern, abwechslungsreich. Tolle Zimmer, jedes ist anders und sehr geschmackvoll eingerichtet. In den Wintermonaten günstige Tarife. 27–29 Victoria Road, Dartmouth, Devon, TQ6 9RT, Tel. +44 18 03 83 25 72, www.brownshoteldartmouth.co.uk
Royal Castle Hotel – obere Preisklasse. Das erste Haus am Platz in entsprechender Lage am »Boat Float«. Die Herberge, in der absteigt, was Rang und Namen hat, und dies schon seit langer Zeit. Gediegenes, aber sehr einladendes Ambiente. 11 The Quay, Dartmouth, Devon, TQ6 9YY, Tel. +44 18 03 83 30 33, www.royalcastle.co.uk

Restaurants

Seahorse – Hauptgerichte 15–25 £. Schöne Aussicht auf den Dart. Zum Essen gibt es viel Frisches aus dem Wasser, auch gegrillt. Täglich wechselndes Menü. 5 South Embankment, Tel. +44 18 03 83 51 47, www.seahorserestaurant.co.uk
Alf Resco – Hier wird gebruncht ab 4 £, abgefahrenes Café mit B & B. Auch Events und Live-Musik. Lower Street, Dartmouth, Tel. +44 18 03 83 58 80, www.cafealfresco.co.uk

Informationen

Tourist Office: The Engine House, Mayor's Avenue, Dartmouth, Devon, Tel. +44 18 03 83 42 24, www.discoverdartmouth.com

1

2

3

4

Freibeuters Wohlfühloasen

Plymouth, Francis Drake und das Dartmoor

Plymouth ist nennt sich gern Francis-Drake-Stadt und der berühmte »Freibeuter« hat hier seine Spuren hinterlassen. Trotzdem hat eine englische Hafen- und Industriestadt mit 250 000 Einwohnern mehr zu bieten als Geschichten, die ein Seebär vor über 400 Jahren geliefert hat.

Neben Francis Drake sind alleine mit seinen Kumpanen John Hawkins, Martin Frobisher und Sir Walter Raleigh drei weitere hochkarätige Devon-Kapitäne den Hafen von Plymouth hinein- und hinausgeschippert. Keiner jedoch hatte so spektakuläre Erfolge zu feiern wie der Großmeister der Piraterie, der als erster Mensch die Welt komplett umsegelte und dabei das Kunststück vollbrachte, dieses Abenteuer zu überleben. Dabei war Drakes Schiff mehr als die Hälfte der Zeit in der Funktion einer schwimmenden Schatztruhe von Hafen zu Hafen unterwegs. Grund genug, sich seinen Werdegang ein wenig genauer anzuschauen. Durch glückliche Umstände fuhr Francis Drake bereits als 20-jähriger Kapitän mit einem geerbten Schiff zwischen Plymouth, Frankreich und den Niederlanden, die damals zu Spanien gehörten, hin und her. Seine Gäste an Bord waren englische Kaufleute, deren Handel durch ein Embargo von Spanien bald untersagt wurde. Drake musste sich also nach einer neuen Einnahmequelle umschauen.

Eine solche fand er im Sklavenhandel, unter anderem gemeinsam mit seinem Cousin John Hawkins. Er segelte nach Westafrika, leistete einen Beitrag zur Entvölkerung und brachte seine »Fracht« so lebendig wie möglich zu den neuen Siedlungsgebieten in Südamerika, um sie dort als Sklaven zu verkaufen. Spanien bzw. seine Gouverneure vor Ort beanspruchten für sich das Monopol für den Sklavenhandel, die englischen Kapitäne wurden also mit allen Mitteln daran gehindert, an die Siedler zu verkaufen. Das ließen sich Drake & Co. natürlich nicht gefallen, zumal Queen Elizabeth I. einige ihrer Kapitäne bereits mit Kaperbriefen ausgestattet hatte, was nichts anderes bedeutete, als ganz offiziell die spanischen Besitzungen, bitte schön, zu plündern. Auf dem Papier wurde somit der gemeine Pirat zum edlen Abenteurer und Freibeuter. Man schenkte sich gegenseitig gar nichts. Drake entwickelte wohl in dieser Phase die enorme Besessen-

1 Möwen haben keinen Respekt vor Legenden. **2** Der Leuchtturm Smeaton's Tower auf The Hoe. **3** Brücke über den River Dart im Dartmoor. **4** Im Garten von Cotehele westlich von Tavistock.

1

2

heit, in den nächsten Jahrzehnten seinen ganz persönlichen Krieg gegen den spanischen König Philipp II. zu führen.
1577 brach er zu seiner berühmten Weltumrundung auf, die drei Jahre dauern sollte. Die Expedition war für ihn, seine überlebenden Seeleute und Thomas Gresham ein großartiger Erfolg. Gresham war der Gründer der Londoner Börse, der die Investoren für diese dreijährige »Menschenverschleißerei« organisiert hatte, lange bevor der wohlklingende Ausdruck »Investmentbanking« dafür erfunden war. Der Deal hatte einige Tausend Prozent Gewinn gebracht und einen Ritterschlag von der Queen – man munkelt, auch sie habe zu den Investoren gehört. Und Drake, nun geadelt und *Sir* Francis Drake, war bereit für sein nächstes Husarenstück. Er kaufte sich Buckland Abbey, ein ehemaliges Zisterzienserkloster mit großem Garten, als Rückzugsoase am Rand des Dartmoors. Richard Grenville, der vorherige Besitzer war begeistert von den 3500 Pfund, die er von einem Mittelsmann bekam, bis er erfuhr, wer der neue Besitzer war: ausgerechnet Drake, sein Konkurrent bei Hofe, der 1581 sogar für ein Jahr Bürgermeister von Plymouth wurde.
Im August 1588 folgte der Kampf gegen die Armada, den die Engländer gewannen, weil sie für die herrschen Windbedingungen einfach die wendigeren Schiffe besaßen. Zum ersten Mal kämpften riesige Flottenverbände planlos gegeneinander. Bisher hatte immer Schiff gegen Schiff gekämpft, nach dem Prozedere rammen, entern und dann Mann gegen Mann. Drake, der als Vizeadmiral an der Schlacht teilnahm, verhielt sich so, wie es seinem Naturell entsprach. Der durchtriebene Freibeuter war clever und wenn nötig rücksichtslos auf seinen eigenen Vorteil bedacht, selbst wenn es um etwas viel Größeres ging, nämlich um die Existenz des englischen Königreichs. Nur 200 Jahre später – zu Nelsons Zeiten – wäre er sicherlich vor ein Kriegsgericht gestellt worden. Aber er hatte Glück, dass durch seinen Egoismus auch die eigenen Leute nicht zu Schaden kamen und frühere Erfolge hatten ihm Ansehen verschafft.
Eine Vorentscheidung fiel im Hafen von Calais. Ein Angriff der sich dort regenerierenden Armada mit acht unbemannten Brandschiffen löste Panik bei den Spaniern aus und ihre beschädigten Schiffe wurden zur leichten Beute der englischen Kanonen. Die Armada flüchtete Richtung Schottland, direkt in die raue See, wo ihr weiter der Garaus gemacht wurde. Englands Flotte unter Charles Howard mit Drake & Co. als Vizeadmirale hatte gewonnen. Aber der Preis war hoch. Mehr als die Hälfte

4

5

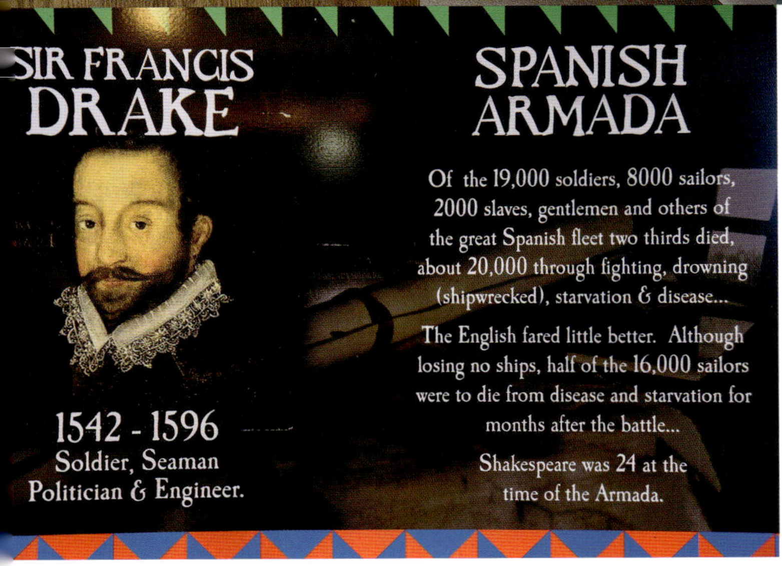

1 Sonnenbaden und relaxen auf The Hoe. **2** Die sagenumwobene Trommel von Francis Drake in Buckland Abbey. **3** Die Kehrseite der glänzenden Medaille ... **4** Im ehemaligen Grand Hotel in Plymouth finden sich Appartements. **5** Der spanische König spielt Schach mit der Queen – um die Herrschaft auf dem Meer.

der englischen Seeleute erlag im Verlauf der Zeit den Strapazen der Schlacht.

Einer bekannten Legende zufolge, hatte Drake in Plymouth auf der Promenade »The Hoe« zusammen mit anderen Kapitänen Bowling gespielt, als ihm die Ankunft der Armada gemeldet wurde. Daraufhin soll er gesagt haben, es sei noch genügend Zeit, das Spiel zu Ende zu bringen, um anschließend die Armada zu besiegen. Diese Anekdote wurde zum ersten Mal 1835 erzählt. Skeptiker könnten einwenden, man habe 240 Jahre Zeit gehabt, sich weitere Geschichten einfallen zu lassen.

»The Hoe«, wo Francis Drake damals Bowling spielte, hat auch heute noch einen riesigen Freizeitwert. Kinder lernen hier Inlinen oder Skateboarden. Ganze Familien stehen im Sommer vor der kleinen Bühne, wenn Konzerte stattfinden. Auf der Rasenfläche neben dem Leuchtturm üben junge Fußballer das Elfmeterschießen, damit die englische Nationalmannschaft noch in diesem Jahrtausend gegen Deutschland bei einer WM gewinnt. Über allem wacht der nervenstarke Francis Drake in Bronze, dem die Möwen regelmäßig eine gewisse »Kriegsbemalung« verpassen.

1 Riesenrad auf The Hoe, Plymouth. **2** Das Haupthaus im Garten von Cotehele. **3** Hafen von Brixham an der Torbay. **4** Das Freibad unterhalb von The Hoe. **5** Im Dartmoor gilt es, permanent vorsichtig zu fahren. **6** Plötzlich stehen Ponys und Schafe in der Landschaft.

Als James Cook 1768 mit der »Endeavour« den Plymouth Sound durchsegelte, muss er den damals erst ein paar Jahre alten Smeaton's Tower, den Leuchtturm, passiert haben, der 20 Kilometer vor der Küste auf einem Riff stand. Gut 100 Jahre später baute man ihn dann draußen Stein für Stein ab, um ihn auf »The Hoe« als Aussichtsturm weiter zu nutzen.

Plymouth als Urlaubsziel einer Reise nach Südengland ist der »schmackhafte Eintopf«, der Abwechslung bringt, wenn die ganze Zeit nur Drei-Gänge-Menüs verspeist werden. Zumal mit dem Dartmoor im Hinterland die nächsten Landschaftsleckerbissen warten. Die Architektur der City symbolisiert die Narbe einer alten, ganz schweren Verwundung durch deutsche Bomben im Zweiten Weltkrieg. Schnell wurde die Wunde irgendwie geflickt. Die Bevölkerung wollte schließlich weiterleben – heute eine Viertelmillion Menschen, von denen alleine rund 25 000 in den Werften Arbeit finden. Eine lebhafte, vielfältige Stadt bietet

5

6

Besuchern viel Abwechslung mit Gastronomie, Kunst, Museen und einem großen Aquarium.

Spaziert man zu Fuß Richtung Pub im *Barbican*, dem alten Hafenviertel, kommt man auch dort vorbei, wo endgültig die »Mayflower« mit den *Pilgrim Fathers* abgelegt hat, um in die Neue Welt zu segeln. Den ersten Winter dort konnten sie nur überleben, weil die Ureinwohner sie mit durchfütterten. Als der undichte Kahn repariert wurde, waren die Reisenden in dem auffällig-gelben Gebäude untergebracht. Das ist heute die Tourist Information. Im Hafenviertel *Barbican* gab es selbstverständlich schon immer reichlich Kneipen und auch Künstler, die sich hier inspirieren ließen. Ein besonders erwähnenswerter war Robert Lenkiewicz, der sich um Clochards, Alkoholiker und Drogensüchtige kümmerte. Gerade Alkoholiker scheint es in Plymouth immer noch zu zahlreich zu geben. Hin und wieder sorgen einige unfreiwillig für Gelächter unter den Besuchern der Pubs des *Barbican*, wenn sie im Rausch am Hafenbeckenrand einnicken, in die falsche Richtung kippen und dann drei Meter tiefer im Wasser wieder zu sich kommen.

Wem Plymouth, das *Gateway to Cornwall*, zu nah an der heimatlichen Realität ist, der überquert einfach die berühmte Tamarbrücke und befindet sich auf dem Weg zum St. Michael's Mount und Land's End. Oder man bleibt in Devon und zieht sich in die objektiv betrachtet karg-hügelige Landschaft des Dartmoors zurück. Weitere Wertungen fallen im Allgemeinen sehr unterschiedlich aus. Sie reichen von deprimierend, düster, bedrückend bis hin zu romantisch und lieblich. Erwischt man einen der seltenen, klaren, sonnigen Tage, womöglich im November, wenn im Moor nicht mehr viel los ist, kann man gar nicht glauben, dass es dasselbe Dartmoor ist wie neulich im Nebel oder sogar im Schnee. Der höchste Gipfel hat immerhin über 600 Meter. Manche wissen die herbe Attraktivität zu schätzen, und empfinden sie nach dem dritten und vierten Besuch immer intensiver.

Dartmoor, das ist da, wo Sherlock Holmes den Hund von Baskerville gesucht hat. Gäbe es ihn heute noch, wäre er vermutlich leicht zu finden, denn er läge früher oder später überfahren am Straßenrand. Nicht ohne Grund passiert man beim Erreichen des Dartmoors Hinweisschilder mit dem Schriftzug »Take Moor care«. Realistisch betrachtet ist das Gefährlichste am ganzen Moor heutzutage der Autoverkehr. Die Straßen sind schmal, viele kurvenreich, oft nebelverhangen oder wegen der hohen

1 Das Hotel »The Two Bridges«. Achtung, Gänse! 2 Ein Bad wie eine Suite. 3 In solchen Suiten übernachten Könige – und Fotografen! 4 Stil wird großgeschrieben im »Two Bridges Hotel«.

Hecken sehr unübersichtlich. Man sollte permanent mit Schafen oder auch wildlebenden Ponys auf der Fahrbahn rechnen.
Etliche Flüsse entspringen im Dartmoor, darunter der Tamar, die Teign, der Plym und der Dart. Wer sich verirrt, muss nur flussabwärts gehen, am Ende stößt man auf eine Stadt. Im Dartmoor versinkt man nicht auf Schritt und Tritt im Sumpf, sondern wandert über grüne kahle Hügel. Hier gab es noch nie viele Bäume, stattdessen umso mehr Heide mit Ginster, Farne, Flechten und vor allem Steine. Zur Orientierung können die vielen Granitformationen dienen, die *tors*. Das sind die vulkanischen Magmen, die als Pfropfen in den ursprünglich darüber lagernden Gesteinsschichten stecken geblieben sind, vor einigen Millionen Jahren, im Rahmen der Entstehung dieser Region. Das ehemals über und neben den *tors* liegende Gestein war weicher und ist im Verlauf der Zeit von Wasser und Wind wegerodiert worden. Deshalb stehen diese Felsbuckel meist so frei in der Landschaft.
Selbst wenn man gar nicht so weit in die Landschaft hineinmarschiert, kann das Zurückkommen zum geparkten Auto eine echte Aufgabe werden, weil sich schlecht einschätzen lässt, ob man nun mehr nach links oder mehr nach rechts gehen sollte. Deshalb werden auch geführte Touren durch das Moor angeboten, zu Fuß, zu Pferd, zu Steinkreisen und zu Gespenstern. Bei

Tag und Nacht. Wer unbedingt alleine Wanderurlaub im Regen machen möchte, sollte mit Karte und Kompass klarkommen, denn die Wege sind nicht markiert und oftmals auch nicht wirklich erkennbar. Das Mindeste ist aber, dass man sich erkundigt, wann scharf geschossen wird. Das Moor hat nun mal die typische Landschaft für Truppenübungsplätze und es gibt gleich drei. Muss ja nicht sein, dass einem im Urlaub plötzlich etwas um bzw. zwischen die Ohren fliegt.

So karg und trotzdem stimmungsvoll die Landschaft sich darstellt, so kontrastreich sind die Dörfer. Widecombe-in-the-Moor wird gerne als Filmkulisse genutzt, beispielsweise für Rosamunde-Pilcher-Produktionen. Seine herausragende Kirche spielt die Rolle der »Moor-Kathedrale« ja auch wirklich oscarreif. Daran merkt man, dass an Pilcher-TV-Abenden öfter mal etwas nicht ganz stimmig ist. Die Filme spielen doch angeblich in Cornwall, die Kirche steht aber noch in Devon. Das Gegenstück zu Widecombe bietet Princetown mit seinem berühmt-berüchtigten Gefängnis. Der graue Kasten ist ursprünglich von und für Soldaten der napoleonischen Armeen gebaut worden. Wirklich schwere Jungs dürfen heutzutage nicht mehr so nah bei den Touristen wohnen, inzwischen sind hier eher die Mittelgewichte untergebracht.

Zeit für Plymouth & Dartmoor

Anreise und Verbindungen

Auto: Von Dover sind die 460 km nach Plymouth in ca. 6 h machbar, die Weiterreise aus dem Raum Exeter dauert ca. 1 h.
Bus: Reisebusse von »National Express« verbinden Plymouth mit vielen anderen großen Städten. Weitere Verbindungen in fast alle Orte der Region und ins Dartmoor.
Bahn: Regelmäßige Verbindungen Richtung London, Penzance, Exeter und Bristol.
Flughafen: Flüge nach London, Bristol, Glasgow etc. Tel. +44 17 52 24 26 20, www.plymouthairport.com
Beste Reisezeit: ganzjährig.

Sehen und Erleben

Cotehele – bei Buckland Abbey südwestlich von Tavistock, interessantes Freilichtmuseum mit Quai und Mühle. Ein originales Wasserrad treibt den Mechanismus an, der hier Korn mahlt. Tel. +44 15 79 35 13 46, www.nationaltrust.org.uk/cotehele
Buckland Abbey – westlich von Yelverton, ehemaliges Haus von Francis Drake aus dem 14. Jh. War ursprünglich ein Kloster, das nach der Enteignung durch Heinrich VIII. zu einem Wohnsitz umgebaut wurde. Hier findet sich auch Drakes berühmte Trommel, die angeblich anfängt zu spielen, wenn England in Gefahr ist. Tel. +44 18 22 85 36 07, März.-Okt. 10.30-17.30, Nov.-März Fr-So 11-16.30 Uhr, www.nationaltrust.org.uk/buckland-abbey
Widecombe-in-the-Moor – ein Dartmoor-Dorf wie aus dem Bilderbuch. www.widecombe-in-the-moor.com

Unterkunft

The Two Bridges Hotel – mittlere bis obere Preisklasse. Historische Oase und Filmkulisse mitten im Dartmoor. Edward VIII. hat hier mit Wallis Simpson übernachtet, in getrennten Zimmern. Der Schauspieler Nicolas Cage kommt nach wie vor einmal im Jahr die alte Heimat besuchen. Die wirklichen Stars des Hauses sind die eigensinnigen Gänse. Princetown, Dartmoor, Devon, PL20 6SWt, Tel. +44 18 22 89 23 00, www.twobridges.co.uk/hotel

Restaurants

Platters – Mahlzeiten für 8-23 £. Gutes Seafood-Restaurant, das seine Zutaten seit 30 Jahren vom Markt bekommt. Es gibt auch Fleisch und vegetarische Gerichte. 12 The Barbican, Tel. +44 17 52 22 72 62, www.platters-restaurant.co.uk
Cap'n Jaspers – Snacks für 3-5 £, abgefahrenes Burger- und Sandwich-Café. Schräge Inneneinrichtung, leckeres Essen, bei Einheimischen beliebt. Quay Road, Whitehouse Pier, Tel. +44 17 52 26 24 44, www.capn-jaspers.co.uk

Informationen

Tourist Information Centre, Plymouth: Mayflower Centre, 3-5, Barbican, PL1 2LR, Devon, Tel. +44 17 52 30 63 30, www.visitplymouth.co.uk
Dartmoor Information: High Moorland Visitor Centre, Princetown, Tel. +44 18 22 89 04 14, www.dartmoor-npa.gov.uk, www.dartmoor.co.uk

1

2

3

4

Raue See an sanfter Küstenlandschaft

Von Ilfracombe durch Nord-Devon

Ilfracombe, das älteste Seebad in Nord-Devon, scheint ein wenig vergessen, jedenfalls macht es provokant auf sich aufmerksam. Westlich vor der Haustür liegen kilometerlange Traumstrände, im Osten das Exmoor. Abwechslungsreich und nicht ganz ohne.

Der komplette Küstenstreifen von Ilfracombe bis nach Lynton-Lynmouth im Osten bietet Szenerien für Bildbände. Und in südwestliche Richtung bis Westward Ho! sieht es genauso fotogen aus, nur die Motive sind anders. Der Ort ist nach dem berühmten Roman »Westward Ho!« (1855) von Charles Kingsley benannt und spielt zur Zeit von Elizabeth I. und Francis Drake. Die Hauptfigur ist ein Seeman aus der Region. »Westward Ho!« lautete der Schlachtruf, mit dem man sich damals zu Eroberungsreisen in die Neue Welt aufmachte. Der Erfolg dieses Bestsellers brachte Immobilienhaie auf den Plan, die hier Land aufkauften und den Ort mit der berühmten Bezeichnung anlegten. Sie hofften natürlich, dass der Ort rasch expandieren möge und das Projekt zu einer echten Erfolgsgeschichte werde. Die Kalkulation scheint aber nicht wirklich aufgegangen zu sein. Ilfracombe ist über die aktuellen ca. 13 000 Einwohner nicht hinausgekommen. Es wirkt aber nicht klein. Aufgrund der vielen mehrstöckigen Häuser empfindet der Autofahrer seine Ankunft als eine Fahrt durch Häuserschluchten der hübschen Art. Im Gegensatz zu den Städten an der Südküste wurde Ilfracombe nicht bombardiert.
Einen Überblick über den Ort und seine Lage bekommt man bei einem Abstecher auf den dominierenden Hillsborough Hill: einfach auf der A361 Richtung Combe Martin fahren und kurz vor dem Ortsausgang Ilfracombe nach links auf den großen Parkplatz abbiegen. 20 Minuten braucht man schon, um auf den Gipfel des Hügels zu kommen. Die Aussicht entschädigt für den nicht völlig lockeren Marsch, insbesondere wenn der Wind von vorne kommt, was gefühlt eigentlich immer der Fall ist. Speziell das Morgenlicht leuchtet die Komposition aus blauem Meer, Hafen und Häusern links am Hang optimal aus. Aus der Vogelperspektive wird auch klar, warum Ilfracombe nie wirklich expandieren konnte. Es ist gar kein Platz vorhanden! Der Ort wurde in den engen Raum zwischen Meer und Steilküste gebaut. Die Fischer siedelten sich vor Jahrhunderten direkt um den Naturhafen

1 Bademeister am Woolacombe Beach. **2** Seit 2005 gibt es überall auch nach 23 Uhr noch ein Bier. **3** Woolacombe Beach – bei Ebbe ein Kinderspielplatz. **4** Ilfracombe vom Hillsborough Hill gesehen.

1 Bei Ebbe fällt Ilfracombes Hafen trocken. **2** Schwung holen vor der Welle. **3** Woolacombe Beach morgens um 8 Uhr. **4** Damien Hirsts streitbare »Verity« am Hafen von Ilfracombe.

herum an und die Bauern weiter oben an der Kirche. Zu Zeiten von Queen Victoria nahm der Fährverkehr im Bristol Channel zu, was sich bereits positiv auf die Besucherzahlen auswirkte. Einen weiteren Schub in Richtung Tourismus erfuhr der Ort, wie so viele andere eben auch, durch den Anschluss an das Eisenbahnnetz. Heute bietet sich Ilfracombe als Übernachtungsquartier an, um sich die Umgebung anzuschauen. Allerdings könnte die Stadt mit ihrer Enge und Quirligkeit den am Abend zurückkehrenden Exmoor-Wanderer oder Woolacombe-Beach-Wellenreiter überfordern.

Die viktorianischen Gebäude mit den typischen schmiedeeisernen Arbeiten in Form von Balkonen oder Fensterverkleidungen verleihen Ilfracombe eine besondere Atmosphäre. Einen krassen Gegensatz bilden die zwei weißen, überdimensionierten Blumentöpfe oder vielleicht Kühltürme eines Atomkraftwerks, die mit-

4

ten in der Stadt stehen. Es ist natürlich kein Kraftwerk, aber was soll das sein, fragt sich der Neuankömmling? Progressive Architektur, ein Gebäude, das provoziert. Es beherbergt das Landmark-Theater, die Touristeninformation, ein Kino und andere Freizeiteinrichtungen. Wie man gekonnt und gezielt Provokation zu Werbezwecken einsetzt, demonstriert auch der Künstler Damien Hirst mit einer Skulptur an der Hafeneinfahrt, gleich unterhalb des Lantern Hill mit der St. Nicolas Chapel, die das älteste Leuchtfeuer in Großbritannien beherbergt. Ankommende Schiffe werden hier seit Oktober 2012 in Anlehnung an die Freiheitsstatue von New York, von »Verity«, der Wahrheit, begrüßt.
»Verity« ist aus Bronze, 20 Meter hoch und 25 Tonnen schwer. Eine nackte, hochschwangere Frau mit langem Pferdeschwanz, die ein Schwert in die Höhe reckt. Das alleine stellt schon einen ziemlichen Kontrast zu der Kapelle dar, der sich aber noch deutlich steigert, wenn man um die Figur herumgeht und sich das Profil der jungen Frau von der anderen Seite anschaut. Die Idee erinnert sehr an die Plastinate der Ausstellung »Körperwelten«. Große Bereiche der rechten Körperhälfte sind gehäutet, Muskelstränge liegen frei, die rechte Kopfseite zeigt die Schädel-

1

2

knochen und auch die Gebärmutter ist aufgeschnitten, sodass der Fötus sich schon mal an das englische Wetter gewöhnen kann. Die Reaktionen der Betrachter kann man vergleichen mit denen von Fahrern auf der Autobahn, wenn auf der Gegenfahrbahn ein spektakulärer Unfall passiert ist: eine Mischung aus Ekel und Sensationsgier, die zum Stau führt. Und genau das war ja auch geplant: Schaulustige nach Ilfracombe zu ziehen, da der Ort schließlich vom Tourismus lebt.

Als die Figur aufgestellt wurde, waren schon Tage vorher zahlreiche Fotografen und Kamerateams aus aller Welt vor Ort, um spektakulär darüber zu berichten. Damien Hirsts Talent in Sachen Kunstvermarktung findet so viel Beachtung, dass er in den Kursen von Business Schools für das Erschließen neuer Kundengruppen und Schaffen von alternativen Vertriebsmöglichkeiten als Musterbeispiel behandelt wird. Die Blütezeit des Seebades Ilfracombe liegt immerhin schon rund 100 Jahre zurück. Damals wurden Bergleute in Wales angeheuert, damit sie Tunnel durch den Fels gruben, um Zugang zu den Meeresbuchten dahinter zu bekommen. Die *Tunnels Beaches* sind heute noch eine Attraktion. Historische Bilder an den kleinen Kiesstränden zeugen vom Badespaß in der guten alten Zeit. Ganz nett ist das Gezeitenbecken unterhalb der scharfkantigen Felsen, natürlich nur, wenn es vom Meer gerade gut gefüllt wurde.

Vor der schwertschwingenden »Verity« wurde eine andere, viel kleinere Bronzestatue einer jungen Frau auf Postkarten verewigt. Die Dame steht oben auf dem Capstone Hill hinter dem Landmark Theatre, von wo der Blick über die Gesamtszenerie auch sehr schön ist, insbesondere in der Dämmerung. Die ca. 1,50 Meter große Figur ist eine Warnung an alle, bei starkem Wind in England oben an den Kliffs vorsichtig zu sein. Sie erinnert an eine 13-jährige Moskauerin, die 2003 vor den Augen ihrer Eltern über die Kante geweht wurde, weil der starke Wind ihr weites Kleid wie ein Segel aufgebläht hatte. 50 Meter fiel sie in die Tiefe auf die Felsen und starb.

Bei starkem Wind und Ebbe macht ein Hafenrundgang mehr Sinn. Nicht am Hafen, sondern wirklich im Hafen, der bei Ebbe nämlich komplett trockenfällt. Die Boote liegen mit dem Kiel direkt auf dem sandigen Boden und die Besitzer können mit ihren Autos durch das Hafenbecken fahren. Der Tidenhub, wie der Unterschied zwischen Hoch- und Niedrigwasser genannt wird, ist im Bristol Channel ist mit bis zu 14 Metern der Zweithöchste auf der Welt, in Ilfracombe beträgt er rund 10 Meter.

3

4

Von April bis März fährt vom Hafen Ilfracombe die »MS Oldenburg« die 16 Kilometer hinüber zur Insel Lundy in den Channel. Früher war der relativ kleine Granitflecken ein effektives Versteck für Schmuggler und Piraten, heute finden unter anderem Papageientaucher hier Zuflucht. Die Bezeichnung *Lundy* soll wohl aus dem Norwegischen kommen und so viel heißen wie »Insel der Papageientaucher«. Es gibt keinen Autoverkehr auf der Insel, lediglich knapp 20 Menschen und einen Pub. Ein ganz ruhiger Flecken für Zeitgenossen, die gerne Vögel beobachten. Die Möglichkeit, auf Lundy zu übernachten besteht auch, dank einiger Ferienwohnungen. Einen Ort, der noch weniger Lichtsmog bietet, wird man in Südengland kaum finden. Bei klarem Himmel optimal, um die Sterne zu fotografieren oder auch einfach nur zu beobachten.

Woolacombe Beach ist mit dem Auto von Ilfracombe aus innerhalb von 20 Minuten zu erreichen. Im Sommer, während der Ferien, sind die zahlreichen Parkplätze entlang der Straße schnell besetzt. Bereits morgens kurz nach Sonnenaufgang wird die Wasserfläche dann schon mal von 100–200 Brettern bedeckt. In bunten Neoprenanzügen warten die Surfer auf die perfekte Welle, um Richtung Strand zu reiten. 5 Kilometer zieht sich der Sandstrand entlang der Morte Bay. Bei Ebbe ist er etwa 100 Meter breit, während die Flut fast bis an die Straße reichen kann. Es ist ein optimaler, goldgelber Familienstrand, weil es lange flach ins Wasser geht und das Wasser wirklich sehr sauber wirkt. Der Strand ist eine »Area of Outstanding Natural Beauty« und wird vom National Trust verwaltet. Früher gab es in den Dünen an der Straße einen Golfplatz, der aber von den Alliierten Truppen während ihrer Vorbereitungen für den D-Day zerstört wurde. Auch hier wurde trainiert, man kann es sich fast denken, angesichts des vielen Platzes, der zur Verfügung steht.

Im Süden begrenzt die Halbinsel Baggy Point den Strand. Mit etwas Glück erspäht man bei einem Spaziergang oben auf den Klippen Kegelrobben unten im Wasser. In diesem Bereich verlaufen der »South West Coast Path« (s. S. 39) und der »Tarka Trail« auf derselben Strecke. Folgt man den beiden Pfaden in nördliche Richtung, überquert man zwangsläufig die Landspitze Morte

1 St. Nicholas Chapel oberhalb der Hafeneinfahrt in Ilfracombe. **2** Zur Erinnerung an eine 13-Jährige, die der Wind über die Klippen blies. **3** Strandhütten am Woolacombe Beach. **4** Ohne Worte …

1 Das »Woolacombe Bay Hotel«. **2** »The Loft« im »Woolacombe Bay Hotel«. **3** Das Meer macht mehr Spaß, aber der Pool ist wärmer. **4** Das Spa im Keller. **5** Moderne Zimmer in einem viktorianischen Gebäude. **6** Ein heißes Bad, wenn es draußen kalt wird. **7** Der Lift zum Loft.

Point und erreicht dann bald Rockham Bay. In dieser kleinen Bucht ist es ebenfalls möglich, den steilen Hang hinunter zum Strand abzusteigen. Der Fußweg vom Ort Mortehoe dauert sicherlich 15 Minuten und ist wesentlich beschwerlicher, vor allem der Rückweg bergauf, als der Weg zum Woolacombe Beach. Die Ausblicke vom Weg oben über das Meer und in die Wellen, die zwischen die Felsen klatschen, sind besonders bei Sonnenuntergang ein Erlebnis. Angesichts der Bezeichnungen »Mortehoe« und »Morte Point« (»Todeskap«) lässt sich schon erahnen, dass hier in der Vergangenheit der Tod reichlich Ernte eingefahren hat. Zahlreiche Schiffe sind an den Felsen zerschellt und wo es Schiffbrüchige gab, da gab es natürlich auch Schiffsplünderer. Einige Geschichten erzählt das kleine Museum in Mortehoe. Und das kleine Dorf lädt zum Eisessen und Kaffeetrinken ein.

Zeit für Ilfracombe & Nord-Devon

Anreise und Verbindungen

Auto: Von Dover direkt sind die 500 km nach Ilfracombe in ca. 6 h machbar, die Weiterreise von z. B. Torquay dauert gute 2 h.
Bus: Ilfracombe ist mit Barnstaple durch die Linie 3 verbunden.
Beste Reisezeit: ganzjährig.

Sehen und Erleben

Tarka Trail – mit dem Fahrrad in die nördliche Schleife dieses relativ einfachen Radwegs einsteigen. Es geht von Ilfracombe über Lynton nach Süden bis Barnstaple, weiter nach Braunton und an der Küste zurück nach Ilfracombe. Fahrräder werden verliehen in Ilfracombe, Braunton und Barnstaple.
Morte Bay – Bucht etwas westlich von Ilfracombe mit dem schönen Woolacombe Beach. Spannende Wanderpfade zwischen Morte Point und Bull Point. Abenteuerliche Küstenlandschaft, an der sich viele Schiffskatastrophen ereignet haben.
Lundy Island – in 2 h mit der Fähre von Ilfracombe erreichbar. Eine sehr abgeschiedene Insel, deutlich einsamer als das Festland. Im Frühjahr brüten Papageientaucher in den Klippen. Bridge Street, Tel. +44 12 71 86 36 36, www.lundyisland.co.uk

7

Unterkunft

The Woolacombe Bay Hotel – mittlere bis obere Preisklasse. Vier-Sterne-Hotel mit Ballraum, zwei Restaurants, Spa & Pool sowie diversen Sportmöglichkeiten. Viele Zimmer bieten Sicht auf den kilometerlangen Strand. Gediegene Atmosphäre der viktorianischen Zeit, wobei die Zimmer modern und zeitlos eingerichtet sind. Sehr gute Unterkunft auch für Familien. Woolacombe, Devon EX34 7BN, Tel. +44 12 71 87 03 88, www.woolacombe-bay-hotel.co.uk

Restaurants

11 The Quay – Snacks und Mahlzeiten für 5–22 £. Auch im Lokal von Damien Hirst, der die Skulptur »Verity« kreiert hat, gibt es schräge Kunst, die aber nicht auf den Magen schlägt. Nicht ganz preisgünstig, aber gut! Viel frisches Seafood. 11 The Quay, Ilfracombe, Tel. +44 12 71 86 80 90, www.11thequay.co.uk
Terra Madre – Drei-Gang-Menüs für 16 £ (Mi–So). Ein Slowfood-Restaurant mit regional erzeugten Bio-Produkten. Vieles kommt aus dem Meer, aber auch Fleisch findet den Weg auf den Tisch. Sehr empfehlenswert. Broomhill Art Hotel, Muddiford Road, Muddiford, an der B3230 nach Barnstaple, Tel. +44 12 71 85 02 62, www.broomhillart.co.uk

Informationen

Ilfracombe Tourist Office: Tel. +44 12 71 86 30 01, Landmark Theatre, The Seafront, Ilfracombe, Devon EX34 9BX, www.visitilfracombe.co.uk

1

2

3

4

Die Ruhe vor dem Sturm

Clovelly und Hartland Quay – Museales und wilde Natur

Die beiden Küstenorte Clovelly und Hartland Quay kurz vor der Grenze zu Cornwall liegen ganz nah beieinander. Sie sind mit einem 11 Kilometer langen Abschnitt des South »West Coast Path« miteinander verbunden, wirken auf Besucher aber sehr unterschiedlich.

Clovelly ist eines jener früheren Fischerdörfer, die touristisch massiv beworben werden, manche nennen es auch »die größte Touristenfalle in Nord-Devon«. Will man einigermaßen sachlich-fair und trotzdem kritisch bleiben, darf man wohl sagen, dass es sich um ein hübsches Postkartendorf handelt, das als Freilichtmuseum seine Authentizität zwar verloren hat, aber in der Nebensaison einen Besuch wert ist. Urlauber, die Fischerdörfer wie Polperro, Fowey und Mevagissey besuchen möchten, verpassen nichts, wenn sie an Clovelly vorbeifahren. Das komplette Dorf befindet sich seit fast 280 Jahren im Privatbesitz der Familie Rous, die es ca. 1890 unter eine Art »privaten Denkmalschutz« gestellt hat und nun in Form eines Disneylands betreiben. Vom Parkplatz geht es in kleineren oder größeren Gruppen direkt zur Touristeninformation, wo das Ticket zum Dorf gelöst wird. Die Eintrittsgelder fließen in den Erhalt der Infrastruktur. Wer Mieter eines der weißen Häuschen werden möchte, muss sich verpflichten, die meiste Zeit des Jahres in Clovelly zu leben, das Dorftheater braucht schließlich Darsteller. Hauptattraktion des Ortes ist die 800 Meter lange, enge und steile Kopfsteinpflasterstraße, die zum Hafen herunterführt. Im Sommer sind die hübschen Gebäude rechts und links mit vielen fotogenen Blumenkübeln geschmückt. Die eindrucksvolle Hafenmole blieb aus elisabethanischer Zeit erhalten, während die Mole Hartland Quay von der rauen See zerstört wurde. Ältere Herrschaften können den Landrover-Shuttle-Service nutzen, der fast den kompletten Autoverkehr darstellt, mal abgesehen von der Versorgung des Hotels unten am Hafen. Früher, als das Dorf noch vorwiegend vom Fischfang gelebt hat, wurde der gesamte Transport vom Hafen durch das Dorf mit Eseln abgewickelt.

Weitere Erwerbszweige bildeten der Schmuggel und die Leichenfledderei an Schiffen, das *Shipwrecking*. Ziemlich »abgebrüht« hat man sich hin und wieder an der Not anderer bereichert. Möglicherweise verstand man dies im Dorf aber als ausgleichende Gerechtigkeit für die hohen Verluste, die auch

1 Angler in Hartland Quay. **2** Rote Telefonzellen gibt es immer noch. **3** Die steile Hauptstraße durch Clovelly. **4** Die Sonne geht, die Flut kommt nach Hartland Quay.

1 Restaurant des »Hartland Quay Hotel«. **2** Einfache Zimmer, aber mit Fernglas. **3** »Wreckers Retreat«, eine urig-englische Kneipe. **4** »Hartland Quay Hotel« in exponierter Lage. **5** Medienecho zur Plünderung der »Johanna«.

immer wieder mal unter der eigenen Bevölkerung zu beklagen waren. Gerade im 19. Jahrhundert wurden Fischer häufig von plötzlich aufkommenden Unwettern überrascht und zerschellten mit ihren Booten an den Felsen. Der Beruf des Seemanns war und ist immer noch einer der körperlich härtesten und gefährlichsten. Im Jahr 1870 initiierte die RNLI (Royal National Lifeboat Institution) einen Rettungsdienst für in Seenot geratene Schiffe. Einen noch größeren Schiffsfriedhof stellten die Gewässer um die Landzunge Hartland Point dar. Von hier aus steuern die Schiffe den Hafen in Hartland Quay an. Im »Wreckers Retreat«, dem Pub neben dem Hartland Quay Hotel, hängt eine beeindruckende Karte, auf der mit Stecknadeln die Positionen der gesunkenen Schiffe seit dem Jahr 1800 markiert sind. Es dürften knapp 100 sein. Angesichts der vielen Untiefen, der wirklich rauen See und der furchteinflößenden Felsen ist es umso unverständlicher, dass der Leuchtturm erst 1874 gebaut wurde. Bis dahin mussten sich die Seeleute am hohen Kirchturm von Stoke orientieren, der immerhin schon seit dem 15. Jahrhundert steht. Wer auf seiner Englandreise etwas Schaurig-Schönes erleben möchte, der sollte unbedingt nach Hartland Quay fahren und dort in einer Mondnacht das Meer betrachten – natürlich aus sicherer Distanz. Es herrscht eine irre Endzeitstimmung. Kein Wunder, dass die Bucht immer wieder als Filmkulisse diente. Gesteinsplatten, die ursprünglich waagerecht abgelagert worden sind, ragen heute fast senkrecht aus dem schäumenden Wasser. Es bedarf keiner Fantasie, ein Bild von aufgeschlitzten Schiffsrümpfen und zerschmetterten Seemännern in den Kopf zu

bekommen. Das Mauerwerk unten am Wasser ist der Rest einer Hafenmole, wie sie in Clovelly noch existiert. Diese hier wurde in zwei Etappen von entfesselten Kräften zerstört. Der erste brutale Sturm fiel 1887 über den Pier her, den Garaus machte ihm dann ein weiterer neun Jahre später.

Bei Ebbe lässt es sich prima durch die Bucht wandern und die vielen spitzen Felszähne aus der Nähe und bewundern. Die Steilküste im Rücken zeigt Verfaltungen der Gesteinsschichten – für einen Menschen, dem lediglich 80 Lebensjahre vergönnt sind, ist es immer wieder unfassbar, welche Kräfte über lange Zeiträume dies bewirkt haben müssen. Wer keinen Wert darauf legt, unter der Schlagzeile »Von Schaf in England erschlagen« in der »Bild-Zeitung« zu stehen, sollte nicht zu nah an die Steilwand treten. Ab und an fällt tatsächlich ein Schaf herunter. Auf dem Weg zurück zum Parkplatz lohnt es sich, das kleine Museum in Hartland Quay zu besuchen. Hier sind viele Schiffsteile gestrandeter Kähne zu besichtigen. Die letzte Schiffskatastrophe traf eine »Johanna« aus Panama, Anfang Januar 1983. Auch dieses Schiff wurde anschließend begeistert geplündert, was im Museum absolut lesenswert in Zeitungsausschnitten dokumentiert ist. An bewährten alten Traditionen wird im *Good Old England* sehr wohl über Jahrhunderte festgehalten.

Zeit für Clovelly & Hartland Quay

Anreise und Verbindungen

Auto: Von Dover direkt sind die 470 km nach Clovelly in ca. 6 h machbar, die Weiterreise aus dem Raum Exeter dauert ca. 1,5 h.
Bus: Die Linie 319 fährt von Barnstaple aus auch nach Hartland und Clovelly.
Beste Reisezeit: ganzjährig.

Sehen und Erleben

RHS Rosemoor – ein Gartenprojekt der Royal Horticultural Society. Auf 26 ha werden verschiedene Gärten präsentiert, wie Baumgarten, Obst- und Gemüsegarten, Stadtgarten, exotische Gärten und Cottage-Gärten. Liegt ca. 2 km südlich des Ortes Great Torrington an der A 3124, Tel. +44 18 05 62 40 67, April–Sept. 10–18, Okt.–März 10–17 Uhr, www.rhs.org.uk/gardens/rosemoor

Hartland Abbey – eine weitere ehemalige Abtei, die von Heinrich VIII. erst als Weinlager genutzt wurde und sich später dann zum Herrensitz mit Garten entwickelte. Den Garten hat die Gartenikone Gertrude Jekyll mitgestaltet. Liegt zwischen dem Dorf Hartland und Hartland Quay. Ist ausgeschildert. Bridge Street, Tel. +44 12 37 44 12 64, April–Sept. So–Fr 12–17 Uhr, www.hartlandabbey.com

Unterkunft

The Hartland Quay Hotel – günstig. Die Zimmer sind einfach, aber zweckdienlich. Es geht darum, in einer wilden Gegend, nach einem filmreifen Sonnenuntergang die Elemente noch ein wenig zu beobachten, um dann in Sicherheit schlafen zu gehen. Hartland, Bideford, Devon, EX39 6DU, Tel. +44 12 37 44 12 18, www.hartlandquayhotel.co.uk

Restaurants

Wreckers Retreat Bar – Mahlzeiten für 6–13 £. Die Bar des Hartland Quay Hotel (s. o.) hat eine gemütliche, maritime Atmosphäre und man kann hier Billard spielen. Alte Schiffslampen, ausgestopfte Fische, viele alte Karten und Cartoons an den Wänden. Die Küche bietet diverse einfache Fleischgerichte und fangfrischen Fisch in ordentlicher Qualität.

Informationen

Visitor Centre Clovelly:
Near Bideford, Devon, Ex 39 5TA, Tel. +44 12 37 43 17 81, www.clovelly.co.uk

Einsame Spitze(n) am Ende der Welt Cornwall

Luxuriöse Aussicht auf Fowey vom »Fowey Hall Hotel«.

1

2

3

4

Drei Publikumsmagnete für Cornwall

Lanhydrock, der Heligan-Garten und das Eden Project

Den Klimazonen der Erde widmet sich das Eden Project in den größten Gewächshäusern der Welt mit sehr futuristischer Architektur. Heligan ist ein Garten aus viktorianischer Zeit und Lanhydrock bietet sogar noch viel mehr, nämlich ein herausragendes Herrenhaus mit Ursprüngen, die bis ca. 1620 zurückgehen.

Was haben Buckland Abbey, das Refugium von Francis Drake am Rand des Dartmoors in Devon, und Lanhydrock House & Garden in Cornwall, ca. 40 Kilometer westlich der Grenze bei Plymouth, gemeinsam? Den ursprünglichen Landbesitzer! Bevor Heinrich VIII. die Klöster des Papstes auf englischem Grund enteignete, gehörten auch diese beiden Besitzungen zur katholischen Kirche. Lanhydrock war ursprünglich ein klösterlicher Bauernhof, der dem Heiligen Hydroc geweiht war, einem irischen Missionar des 5. Jahrhunderts. Die kleine Kirche neben dem Hauptgebäude stammt aus der Mitte des 15. Jahrhunderts. Das Grundstück wurde ab 1543 mehrfach weiterverkauft, bis Sir Richard Robartes es 1621 erwarb, ein Zinn- und Wollhändler sowie Geldverleiher aus Truro.

Er begann mit dem Verbauen des grauen Granits, zunächst für den heutigen Nordflügel, dem sein Sohn John bis 1651 weitere Bauabschnitte hinzufügte. Dieser hatte zwar Karriere unter Oliver Cromwell gemacht, war mit der Politik seines Chefs aber wohl nicht so zufrieden und zog sich stattdessen nach Cornwall zurück. Andere führten Kriege, John Robartes baute. Die Nachfahren ließen das Gebäude zunächst verfallen, legten erste Bereiche des Gartens an, renovierten und bauten um. So ging das, bis 1881 ein verheerendes Großfeuer viel Platz für ganz neue Baumaßnahmen schuf. Die Familie, die inzwischen Agar-Robartes hieß, ließ das Anwesen entsprechend ihrer Zeit viktorianisch in einen frischen First-Class-Zustand versetzen. Der Erste Weltkrieg sorgte für reichlich Tote, auch in Aristokratenfamilien wie den Agar-Robartes, was nicht selten zu fehlendem Nachwuchs führte. Bereits 1953 wurde das Traumdomizil mit rund 160 Hektar Land dem National Trust überschrieben, damit die letzten Familienmitglieder wenigstens noch ihren Lebensabend hier beenden konnten, was dann 1969 der Fall war.

Bei einem Besuch kann man sich von den Wohnverhältnissen des vermögenden Landadels beeindrucken lassen. Fast 50 Zim-

1 »Metallarbeiter« im Botanischen Garten Eden Project. **2** Das feuchte Klima sorgt für Blütenpracht im Mai. **3** Liebe zum Detail in Lanhydrock. **4** Lanhydrock gehört zu den berühmtesten Gärten Cornwalls.

1 Rhododendron wächst hier in Hülle und Fülle. **2** Eingang zu Lanhydrock, einer Pilgerstätte für Gartenfreunde. **3** Das Torhaus (v. l.) führt zu einem repräsentativen Innenhof mit viktorianischem Gebäudekomplex. **4** Ein Vorgeschmack auf den dschungelartigen Heligan-Garten. **5** Lanhydrock wirkt wie mit Zirkel und Lineal geplant. **6** Die »Mud Maid« im Heligan-Garten.

mer sind zur Besichtigung geöffnet. Besonders sind ist die große, helle Galerie mit ihrer stuckverzierten Decke, die das Feuer überdauerte, das Herrenzimmer mit Tigerfell und Elchkopf sowie der für damalige Verhältnisse hochmoderne Küchentrakt der Herrschaften. Im Gegensatz dazu waren die Gemächer der Mitarbeiter zwar recht klein, aber ebenfalls schmuck. Die Agar-Robartes sahen ihr Personal nicht als einfache Dienerschaft, sondern hoben sie ein Stück weit auf ihre Ebene.

Erst recht eingeladen fühlt sich der Besucher, wenn er sich eigentlich im Garten aufhält und es plötzlich anfängt zu regnen. Ausflüge mit Kindern lassen sich dann bei einem Bummel durch das Haus retten. Prinzipiell bietet der Garten natürlich viel mehr Auslauf. Nach der Eingangskontrolle durch die Mitarbeiter des Trust schlendert man sanft den Hang hinunter, seitlich einer Allee aus alten, majestätischen Eichen, zu jeder Jahreszeit ein herrliches Fotomotiv. Wer schlecht zu Fuß ist, sollte sich fahren lassen, denn der Weg bis zu dem großen Torhaus zieht sich geschätzte 500 Meter. Sobald die Allee sich öffnet, ist der Blick beeindruckend. Eine graue Mauer mit Zinnen umfasst den großen formalen Garten rund um das Anwesen. Das Torhaus wirkt wie der der Empfangsbereich zu einer Burg, ganz nach dem Motto »my home is my castle«. Es bildet über einen Schotterweg mit dem Eingang ins Herrenhaus die Mittelachse der Anlage. Rechts und links des Weges steht jeder einzelne Grashalm stramm, die Eiben sind sauber aufgereiht und ausgerichtet, wie man es von einem englischen Garten erwartet. Einige der unübersehbaren Bronze-Urnen stammen aus Frankreich, hergestellt vom Goldschmied Ludwigs XIV. Im April und Mai ist der Hang hinter dem Anwesen ein Feuerwerk aus blühenden Rhododendren, Kamelien und Magnolien.

Wer von Gärten gar nicht genug bekommen kann, dem bietet sich zwischen St. Austel und Mevagissey die Möglichkeit, einen weiteren zu besuchen, der seit seiner Restaurierung ab 1990 in aller Munde ist: The Lost Gardens of Heligan. Am Eingang beob-

6

achtet ein »grüner Riese« die Besucher ganz genau und ein paar Meter weiter ignoriert die *Mud Maid*, das Schlamm-Mädchen, sie völlig, weil sie sich im Ganzjahrestiefschlaf befindet. Heligan befand sich zu seiner Blütezeit, um 1900 herum, bereits seit rund 350 Jahren im Familienbesitz der Tremaynes. Der Garten profitierte von der langen Ära der britischen Entdeckungs- und Eroberungsreisen, in die auch botanische Expeditionen integriert waren. Familie Tremaynes nutzte die Möglichkeit, sich regelmäßig Setzlinge exotischer Pflanzen aus aller Welt zu beschaffen, die sich in dem fruchtbaren Klima an der Südküste Cornwalls wunderbar eingewöhnten. Insbesondere der »grüne Daumen« von Henry H. Tremayne brachte den Garten bis 1790 in die Form, in der er sich dem Besucher heute wieder zeigt: als eine Komposition aus Nutzgärten, Ziergärten und verwunschenen Gärten, aus Gewächshäusern, Bienenstöcken und Gemüsebeeten. Selbst der »Dschungel« wurde wiederbelebt – mit Riesenfarnen, Palmen und Bananenstauden.

Dass der Garten heute im Frühjahr wieder recht originalgetreu erblüht, ist nach seiner bewegten Geschichte nicht selbstverständlich. Während der beiden Weltkriege drohte dem Garten

1

der Untergang. Die jungen Gärtner wurden 1914–18 an der Front verheizt und 25 Jahre später mussten Südenglands große Anwesen als Truppenunterkünfte herhalten. Im Wasser bei Mevagissey übten die GIs für das Massensterben in der Normandie unter der Regie von Offizieren, die sich in Heligan nett eingerichtet hatten. So fiel der Garten in seinen berühmten Dornröschenschlaf, wucherte Jahrzehnte vor sich hin und »verkam« im Originalzustand des 19. Jahrhunderts, was aus heutiger Sicht auch ein Glück war, da es nur wenige Gärten gibt, die nicht irgendwann »modernisiert« wurden. Außerdem dokumentiert das lange Leiden ohne Pflege, dass der Ort seine Fruchtbarkeit nicht im Geringsten verloren hatte. Nach Aussage von Einheimischen wurde *more or less* die halbe Bevölkerung von Mevagissey im undurchsichtigen Dschungel von Heligan gezeugt.

Jahre kommen, Jahre gehen, bis 1990, John Willis, ein Familienmitglied des alten Landadels der Tremaynes, mit der Machete in der Hand vor seinem Erbe stand. Ihm halfen drei Bekannte. Einer von ihnen war ein gewisser Tim Smit, der bis dahin mit dem Gärtnern angeblich überhaupt nichts zu tun hatte, dafür aber umso mehr mit dem Thema Marketing. Tim Smit, gebürtiger Holländer und studierter Archäologe, arbeitete auch zehn Jahre lang sehr erfolgreich als Songschreiber und Musikproduzent, hatte also die nötigen Ideen und Kontakte für eine effektive Medienkampagne. Der unkonventionelle, kantige Kerl, der anpacken und sich durchsetzen kann, wird mittlerweile *Sir Tim* genannt. Eine oft zitierte Aussage von Smit lautet sinngemäß: »Wenn du in einem Garten keine Liebe machen kannst, wenn du dort nicht träumen oder dich betrinken kannst – dann asphaltier ihn doch, wozu ist er sonst gut?« Smit passte offensichtlich mit seiner hemdsärmeligen Art nach Mevagissey. Vom ersten Tag an wurde »die Gartenrestaurierung des 20. Jahrhunderts« auf allen Kanälen begleitet, sodass der Erfolg sich zwangsläufig einstellen musste.

Die vier Besucher mit den Macheten in der Hand hatten seinerzeit die Wand der ehemaligen Gartentoilette entdeckt, auf der die Namen der jungen Gärtner verewigt waren, von denen viele ihr Grab im flandrischen Matsch gefunden hatten. Diese Berührung durch den Arm der Geschichte soll die Initialzündung zur Restaurierung des Gartens gewesen sein. Die Idee war verrückt, aber klar. In Anlehnung an den Film »Fitzcarraldo« (zum Bau des Opernhauses im Urwald) sollte der Garten zu Ehren der einfachen Arbeiter, die ihn früher mit ihrer täglichen Schufterei

3

4

1 Die spektakuläre Aussichtsplattform im Eden Project kann nur mit Termin besucht werden. **2** Sogar im Gewächshaus schätzt man hier Kunst. **3 und 4** Das Eden Project: eine ziemlich futuristische Angelegenheit.

gepflegt hatten, wieder zum Leben erweckt werden, und zwar so originalgetreu wie möglich. Ein großes Team Spezialisten zu jedem Themengebiet fand Unterstützung durch viele ehrenamtliche Helfer. Mit Metalldetektoren konnten alte Etiketten zur Bepflanzung von einst lokalisiert und die Gärten authentisch wie zu Queen Viktorias Zeiten nachgebildet werden.

Zu den absoluten Highlights zählt die Anlage, in der Ananas gezüchtet werden. Wer sich weniger für's Gärtnern interessiert, lässt sich vielleicht eher von der skurrilen Technik dahinter begeistern. Pferdemist wird kompostiert, dank der abgegebenen Wärme fühlt sich die Ananas wie zu Hause in den Tropen. »Da müsst ihr aber eine Menge Scheiße schaufeln«, soll Prinz Charles dies kommentiert haben. Bereits während der Arbeit in Heligan entwickelte Tim Smit die Idee, einen Garten Eden in eine alte Kaolingrube bei St. Austel zu bauen. Das Mineral Kaolin spielt bei der Herstellung von Porzellan eine große Rolle und dessen Abbau sichert die einzigen Industriearbeitsplätze in Cornwall. Daher prägen große Löcher im Boden und auffällige weiße Hügel die Landschaft rund um St. Austel, den Abraumhalden. Die Gewinnung von 1 Tonne Kaolin geht auf Kosten von 9 Tonnen Erde, die dann an anderer Stelle aufgeschüttet werden

1 Das Restaurant im »Lanhydrock Hotel« hat Blick auf den Golfplatz.
2 Die Zimmer im »Lanhydrock« sind elegant und ruhig gelegen.
3 Direkt am Hotel gibt es einen gepflegten Golfplatz – nicht nur für Golfer. 4 Dschungel, Nutzgarten, Ziergarten: die ehemals verlorenen Gärten von Heligan. 5 Im »Lanhydrock Hotel« laden lauschige Ecken zum Entspannen ein.

müssen. In eine dieser geräumigen Gruben wurden zwischen 1995 und 2001 die drei größten Gewächshäuser der Welt gebaut, mit Geldern aus einem damals ähnlich großen Topf der staatlichen Lotterie, der für Milleniumsprojekte zur Verfügung stand, plus EU-Geldern zur Subventionierung wirtschaftlich schwacher Regionen in Europa. Die Gesamtinvestition belief sich auf 202 Millionen Euro.
Entstanden ist das Eden Project, eine Mischung aus Arche Noah für Pflanzen im Kleid futuristischer Technik und Gebäuden mit dem Anspruch, den Menschen in Sachen Ökologie zu sensibilisieren. Ein eindrucksvolles, aber zu Recht auch sehr umstrittenes Projekt, weil es in die Kategorie »Gigantismus« gehört und gigantische Löcher in Geldtöpfe reißt. Kritiker geben zu beden-

ken, und damit liegen sie vermutlich nicht ganz falsch, dass man mit dem vielen Geld, das dieses »Ufo« verschlingt, dezentralisiert in ganz Cornwall mehrere schöne Projekte unterhalten könnte, die überall ein paar Arbeitsplätze schaffen würden, was unterm Strich rentabler wäre.

Tim Smit ist jedenfalls im Frühjahr 2013 von seinem Chefposten zurückgetreten und versucht nun, mit dem Verkauf der Idee »Eden«, beispielsweise nach China, mehr Gelder einzutreiben. Die Idee, im Sommer hier Open-Air-Events zu veranstalten, ist vermutlich auch dem Zwang der Generierung von Einnahmen geschuldet. Ursprünglich stand nämlich die Aussage: »Wenn wir mehr und mehr zu einem Freizeitpark werden, haben wir etwas falsch gemacht.« Langer Rede kurzer Sinn: Wer Cornwall besucht, sollte sich die »Biome«, so werden die Gewächshäuser genannt, auf jeden Fall anschauen und vor Ort von den vielen Details beeindrucken lassen, die für unsere Natur wichtig sind. Insbesondere im Herbst und Winter kann man hier problemlos den ganzen Tag schauen und staunen. Wo sonst innerhalb Europas bekommt man zum Beispiel ein Tropenklima und eine Vegetation wie in Zentralafrika in dieser Dimension geboten?

Zeit für Lanhydrock, Heligan & Eden Project

Anreise und Verbindungen

Auto: Von Dover sind die 520 km nach St. Austel in ca. 7 h machbar, die Weiterreise aus dem Raum Plymouth dauert ca. 1,5 h.
Bus: Viele Linien nach Fowey, Mevagissey, Heligan, Eden, Gorran Haven und Newquay.
Bahn: Regelmäßige Verbindungen Richtung London und Penzance.
Beste Reisezeit: ganzjährig.

Sehen und Erleben

Lanhydrock – Landhaus und Garten südlich von Bodmin. Ist großräumig ausgeschildert. Das berühmte Anwesen bietet interessante Einblicke in das Zusammenleben von Aristokratie und Dienstpersonal auf dem Land. Bodmin, Tel. +44 12 08 26 59 50, Haus März–Okt. Di–So 11–17 Uhr, Garten ganzjährig 10–18 Uhr, www.nationaltrust.org.uk/lanhydrock
Lost Gardens of Heligan – das Gartenprojekt, mit dem Tim Smit »Lust auf mehr« bekommen hat. Nur knapp 3 km von Mevagissey entfernt. Pentewan, St. Austel, Tel. +44 17 26 84 51 00, März–Okt. 10–18 Uhr, Nov.–Feb. 10–17 Uhr, www.heligan.com

5

Eden Project – einer der Top-Five-Magneten des Tourismus in Cornwall. Lohnt sich in der Nebensaison, ganz besonders bei schlechtem Wetter. In den größten Gewächshäusern der Welt werden die verschiedenen Klimazonen simuliert. Informationen und Optik sind sehr kurzweilig. Bodelva, St. Austell, Cornwall, Tel. +44 17 26 81 19 11, April–Okt. 10–18 Uhr, Nov.–März 10–16.30 Uhr, www.edenproject.com

Unterkunft

Lanhydrock Hotel – mittlere bis obere Preisklasse. Auch Nicht-Golfer werden sich in diesem Golfhotel wohlfühlen. Es herrscht eine freundliche, bodenständige Atmosphäre. Die Zimmer sind funktional, modern und von Licht durchflutet. Im EG ragt die Terrasse gleich auf den Golfplatz. Gute Ausschilderung in der Nähe von Lanhydrock. Bodmin, Cornwall, Tel. +44 12 08 26 25 70, www.lanhydrockhotel.com

Restaurants

Lanhydrock Hotel – in Bar und Restaurant gibt es Speisen für 4–18 £. Die Bar ist gemütlich mit guter Aussicht auf den Golfplatz (s. oben).
Rashleigh Arms – guter Pub mit B & B und Speisen für 4–14 £. Liegt in Charlestown, dem Hafenviertel im Süden von St. Austel. Charlestown Road, Charlestown, St. Austell, Tel. +44 17 26 7 36 35, www.rashleigharms.co.uk

Informationen

St. Austel Tourism Information Centre: Southbourne Road, St. Austel, Tel. +44 17 26 87 95 00, www.visitcornwall.tv

1
Something to Eat
Just a Drink
Dogs
Kids
Adults

2

3

4

Daphnes Liebe auf den ersten Blick

Fowey und Polperro – Piraten und Schmuggler

Leicht vermischen sich die Erinnerungen an den Besuch in Fowey mit den Bildern, die man von Dartmouth in Devon noch im Kopf hat. Beide Dörfer liegen an einem Hang und unten tummeln sich an einer breiten Flussmündung bunte Segelboote auf dem Wasser. Polperro dagegen präsentiert sich unverwechselbar.

Fowey hat viele Übereinstimmungen mit Dartmouth. Statt »Kingswear« liegt hier Polruan auf der anderen Fluss-Seite. Auch Fowey (gesprochen: Foi) hat einen tiefen Hafen, von dem 1944 Schlachtschiffe zur Landung in der Normandie ausliefen. Auch in Fowey versuchte man früher, sich gegen einfallende französische und spanische Schiffe zu schützen, indem man den Zugang zum Meer mit einer stabilen Eisenkette blockierte. Und auch in Fowey lebte eine berühmte Literatin wie in Dartmouth, sogar mit Erstwohnsitz und nicht nur in den Ferien: Man könnte sagen, die »Agatha Christie von Fowey« ist die »Rosamunde Pilcher einer früheren Generation« und die Dame hieß Daphne du Maurier (1907–1989). Außerdem entspringt auch der River Fowey genau wie der River Dart in einem Moor. Der Fowey kommt den Hügel Brown Willy hinuntergeflossen, der sich mit 420 Metern nicht nur am weitesten aus dem Bodmin-Moor den Wolken entgegenreckt, sondern auch Cornwalls höchste Erhebung ist.

Schon früh kam man in Fowey zu Wohlstand. Die Piraterie während des Hundertjährigen Krieges (mehrere Kriege von 1337–1453) mit Frankreich machte es möglich. Nicht nur die Kapitäne von Fowey wurden mit Kaperbriefen ausgestattet, um im Kanal fremde Schiffe zu plündern, aber sie müssen es wohl deutlich schlimmer als ihre »Konkurrenz« aus anderen südenglischen Küstendörfern getrieben haben. Die Beschäftigung war im Vergleich zur Fischerei so einträglich und abwechslungsreich, dass man ihr weiterhin nachging, als der englische König mit seinem französischen Kollegen schon längst wieder Frieden geschlossen hatte. Das konnte natürlich nicht ohne Folgen bleiben. Im Jahr 1456 setzten die Franzosen dem Selbstbewusstsein in Fowey wieder engere Grenzen: Sie brannten den Ort nieder, nachdem sie die interessanten Sachen auf die eigenen Schiffe geschleppt hatten. Solche kleinen Dämpfer schadeten der Entwicklung Foweys nicht wesentlich. Das Schicksal

1 Pubeingang in Polperro. **2** Im »Fowey Hall Hotel« weiß man die schönen Momente zu schätzen. **3** Blick von Polruan aus auf das Städtchen Fowey. **4** Der Hall Walk bietet freien Panoramablick wie hier auf den Hafen von Fowey.

1

schenkte immer im richtigen Augenblick noch einmal nach, wie bei einem Pendel, das man im höchsten Ausschlag mit einem zusätzlichen Stubser anschiebt. So investierte Heinrich VIII. im Rahmen seines Küstenbefestigungsprogramms unter anderem auch in Fowey. Man rechnete schließlich schon lange vor dem Angriff der spanischen Armada mit einer Invasion von französischer oder spanischer Seite. Eine Invasion kam tatsächlich viel später, fiel dann aber wesentlich angenehmer aus als befürchtet.
Dank der Eisenbahn entdeckten im 19. Jahrhundert nicht nur Sommerfrischler mehr und mehr das Urlaubsangebot dieses Traumstädtchens, auch die umgesetzten Kaolinladungen aus der Region St. Austel wuchsen stetig, was steigende Einnahmen über den Hafen brachte. Eine spezielle Kategorie Wandertouristen, die den Hafen auch schon all die Jahrhunderte hindurch zu nutzen wussten, waren die Vorläufer der heutigen Pilger auf dem »South West Coast Path«. Nämlich die Pilger aus Irland und Wales, die auf dem »Saints Way« Cornwall von Padstow nach Fowey durchquerten. Das heißt, rund 45 Kilometer vor der Einschiffung nach Frankreich oder Spanien, um zum Beispiel auf

2

dem Jakobsweg weiter zum Grab des Apostel Jakobus nach Santiago de Compostela zu pilgern.
Der Tourismus ist auch in heutiger Zeit die Einnahmequelle schlechthin, wie fast überall in Cornwall. Speziell im Mai ist die

3

1 Fowey, Polruan und das Wasser, fast wie gemalt. **2** Vom »Fowey Hall Hotel« genießt man diese spektakuläre Aussicht über die Flussmündung bis weit aufs Meer hinaus. **3** Polperro »by night« ist spannender als am Tag. **4** Wer im Dezember kommt, hat Polperro für sich allein.

Zeit der Gartenreisen und Hochsaison. Wenn in den Gärten Heligan, Lanhydrock, Caerhays, Trelissick oder Trebah der »Rosenbaum« – der Rhododendron – blüht, machen sich die Gartenfreunde auf den Weg, unter denen es offensichtlich auch eine nicht zu unterschätzende Anzahl Daphne-du-Maurier-Fans gibt. Aus diesem Grund veranstaltet die Du Maurier Festival Society Mitte Mai das Fowey Festival (www.foweyfestival.com).

Die spätere Dame Daphne hat als 19-Jährige mit ihren Eltern im Jahr 1926 in Fowey Urlaub machen müssen. Aus »müssen« wurde dann ganz schnell »dürfen«. Sie verliebte sich in den Ort, kaufte sich hier ein Haus und ging ihrer Leidenschaft nach: dem Schreiben. Inspiriert von den typischen engen Gassen, dem Geklapper der Pferdehufe auf dem Kopfsteinpflaster, der Mittelmeeridylle, sobald die Sonne scheint, kurz gesagt inspiriert von der authentischen Romantik des Örtchens, schrieb Daphne du Maurier einen Bestseller nach dem anderen. Fowey machte sie glücklich und ihre hohe Lebensqualität übertrug sich auf die Qualität ihrer Romane, die viel mit der Beschreibung ihrer Hei-

1 Das herrschaftliche »Fowey Hall Hotel« liegt auf einem 5 Hektar großen Grundstück. **2** Geräumige, individuell eingerichtete Räume laden ein. **3** Relaxen auf der Sonnenterrasse – Erholung pur! **4** Das Spa hat verschiedene Bereiche – für Groß und Klein. **5** Hier pflegt man die Verbindung zum Wasser.

mat zu tun haben und Erfolg hatten, bevor Rosamunde Pilcher aus der Nähe von St. Ives in ihre Fußstapfen trat.

Gewohnt hat Miss du Maurier mit ihren Eltern damals im Ortsteil Bodinnick, wohin auch eine Autofähre übersetzt. Folgt man vom Fähranleger der Hauptstraße nicht durch die Linkskurve, sondern fährt stattdessen geradeaus den steilen Hang direkt hinauf, zweigt nach ca. 400 Metern ein Fußweg nach rechts ab, also wieder Richtung Meer im Süden. Dies ist der »Hall Walk«, benannt nach der Hall Farm, die dort oben liegt. Es ist ein Top-Spazierweg ohne große Gefälle, der so ziemlich die schönsten Ausblicke auf Fowey, die Flussmündung und Polruan bietet. Am besten eine Flasche Wein mitnehmen und den Sonnenuntergang genießen!

Wenn Fowey für seine Seeräubergeschichten bekannt ist, dann ist Polperro es für seine Schmugglergeschichten. Wobei sich die *Stories* untereinander auch noch wild kombinieren lassen. Bei Handwerksberufen überlappen sich Ausbildungsinhalte bekanntermaßen bis in die heutige Zeit. Die Einwohner Polperros sollen in den Hochzeiten des Schmuggels zu annähernd 100 Prozent beteiligt gewesen sein. Trotzdem hatte die Sardinenfischerei *pilchards* mehr als nur Alibicharakter. Dieser Ruf in Verbindung mit dem Aussehen des Dorfes regte natürlich die Fantasie von Romanautoren wie du Maurier und Pilcher an. Es gibt wohl kein zweites *Historic Fishing Village* im Stil von Polperro, das aussieht wie eine auf einem Studiogelände extra aufgebaute Filmkulisse. Die kleinen Cottages, die Mauer an Mauer stehen, sind zu 95

Prozent einheitlich weiß gestrichen und beherbergen zu 95 Prozent Souvenirshops oder Gastronomie. Der Ort ist für den Autoverkehr zu klein und deshalb gesperrt. Alle parken auf dem großen Parkplatz am Ortseingang und marschieren dann zum »organisierten Freizeitvollzug« ins Dorf, in der Hochsaison oft ein Alptraum. Guten Gewissens empfehlen kann man den Besuch von Oktober bis April. Wirklich interessant ist das im Ort ausgeschilderte Museum of Smuggling and Fishing, in dem Besucher auch erfahren, dass King George III., bevor er geisteskrank wurde, höchstpersönlich anordnete, dass angesichts des penetranten Schmuggels in Polperro ein Zollboot stationiert werden müsse. In diesem schlecht überschaubaren Winkel Englands versteckte sich im Zweiten Weltkrieg auch der österreichische Maler Oskar Kokoschka vor den Nazis. Nachdem seine Bilder 1938 als entartete Kunst bezeichnet worden waren, flüchtete er aus Prag zunächst nach London und von dort wiederum vor den Bombenangriffen in diesen kleinen Hafenort. Es gibt von ihm ein recht bekanntes Gemälde von Polperro, das heute in der Tate Gallery hängt. Weiße Cottages, grüner Hang, blaue Meeresbucht unter blauem Himmel mit Wolken – und eine Möwe, die gefüttert werden will. So kann man es heute auch noch erleben, aber besser erst ab Oktober.

Zeit für Fowey & Polperro

Anreise und Verbindungen

Auto: Von Dover sind die 520 km nach Fowey in ca. 6,5 h machbar, die Weiterreise aus dem Raum Plymouth dauert ca. 1,5 h.
Bus: Es gibt regelmäßige Verbindungen nach St. Austel und von dort in alle weiteren Orte der Region.
Beste Reisezeit: ganzjährig.

Sehen und Erleben

Kajakfahren – Geführte Touren bietet u.a. Fowey River Expeditions an. Es geht über den Fowey ganz idyllisch nach Lerryn. www.foweyexpeditions.co.uk
Rame-Halbinsel – im Osten von Süd-Cornwall und ganz wenig besucht, weil man von Plymouth aus leicht daran vorbeifährt. Es gibt hier zwei ganz berühmte Anwesen mit Landschaftsgärten. Das »Antony House« baute ein unbekannter Architekt im 18. Jh. Dem Kinofilm »Alice im Wunderland« diente es als Kulisse. Torpoint, Cornwall, Tel. +44 17 52 81 21 91, www.nationaltrust.org.uk/antony. Mount Edgecumbe, gebaut um 1550, ist der imposantere Komplex. Auf 350 ha gibt es neben dem Haupthaus einen großen Garten mit Grotten, Kapellen und Pavillons zu entdecken. Cremyll, Torpoint, Cornwall, +44 17 52 82 22 36, www.mountedgecumbe.gov.uk

5

Unterkunft

The Fowey Hall Hotel – mittlere bis obere Preisklasse. Das Hotel gehört zu den luxuriösen Familienhotels, die sich u. a. durch ihre Kinderfreundlichkeit auszeichnen. Vom Haus hat man einen spektakulären Blick auf Fowey und Polruan, getrennt durch das Wasser des River Fowey, auf dem sich Bötchen tummeln, plus Weitsicht über das Meer. Die Zimmer sind geräumig, hell und individuell eingerichtet, viele als Suiten mit antikem Touch, aber nicht altbacken. Ein Spa mit geräumigem Pool lädt die Großen zum Entspannen und die Kleinen zum Toben ein. Hanson Drive, Fowey, Cornwall, Tel. +44 17 26 83 38 66, www.foweyhallhotel.co.uk

Restaurants

The View – Mahlzeiten für 10–18 £. Die fantastische Aussicht auf die Whitesand Bay scheint auf die Qualität der Speisen abzufärben. Serviert werden Fisch, Fleisch und Wild.
Treninnow Cliff Road, Millbrook, Tel. +44 17 52 82 23 45, www.theview-restaurant.co.uk
Pinky Murphy's Café – Mahlzeiten für 3–9 £. Das alternativ eingerichtete Café ist je nach Empfinden stimmungsvoll oder völlig schräg. Zu essen gibt es Panini und Ciabattas, zu trinken Tee, heiße Malzmilch und frisch gepresste Säfte. 19 North Street, Fowey, Tel. +44 17 26 83 25 12, www.pinkymurphys.com

Informationen

Tourist Information Centre: 5 South Street, Fowey, Tel. +44 17 26 83 36 16, www.fowey.co.uk

1

2

3

4

Die kornische Riviera

Von Mevagissey die Küste entlang bis Falmouth

Mevagissey hat von der Lage der Meeresbucht und der Anordnung der Hafenelemente eine verblüffende Ähnlichkeit mit Brixham an der englischen Riviera in Devon. Die Umgebung von Falmouth wiederum ähnelt der von Fowey und Dartmouth. Alles wunderschöne Hafenorte.

Es kommt nicht von ungefähr, dass in dieser Gegend so viele Gärten angelegt wurden: Der Garten von Heligan (s. S. 92 ff.) »oberhalb« von Mevagissey, Trelissick nördlich von Falmouth, Trebah und Glendurgan (s. S. 110 ff.) an der Mündung des Helford River. Alle diese Gärten liegen am Hang Richtung Süden, wo sich unten ein Wärmespeicher in Form des Wassers befindet. Die Hanglage sorgt dafür, dass der kalte Nordwind die Pflanzen nicht voll »anhusten« kann, wenn er denn bläst. Mevagissey ist selbst im Hochsommer nicht so überlaufen wie Polperro. Der Ort bleibt ein authentisches Fischerdorf. Die bunten Ortseingangsschilder weisen darauf hin, dass sich das Dorf nach den zwei Heiligen St. Meva und St. Issey benannt hat. Sehenswert ist hier das Mevagissey Museum, schon alleine wegen des Gebäudes von 1745. In der ehemaligen Werft lässt sich sehr schön die Entwicklung der Bauweise von Segelbooten nachvollziehen. Diese wurde von den Anforderungen bei der Schmuggelei diktiert. Wendigkeit, Flexibilität und Tempo war bei der Landung am Ufer gefragt. Wurden Schmuggler beim Anlanden von den *Coastguards* attackiert, war eine Flucht mit dem Segelboot raus auf's Meer gegen den Wind nicht mehr möglich. So besetzte man dann lange Ruderboote mit 20 Mann, die sogar über den Kanal bis Guernsey schipperten. Der Stauraum war klein und das Risiko groß, es scheint sich aber immer noch gelohnt zu haben. Der Schmuggel war Zubrot, in erster Linie verdienten sich die Familien ihren Lebensunterhalt aber mit der Sardinenfischerei. Arbeitsteilung war angesagt: Die Männer sorgten für den Fang auf See, die Frauen standen im Hafen bereit, um die Sardinen in Salz zu konservieren. Man beschrieb den Ablauf damals gerne mit: »Food, heat and light, all in one night«. Die Fische wurden nicht nur gegessen, ihr Öl speiste auch die Lampen und Feuerstellen. Insbesondere wer morgens vor Sonnenaufgang in den Hafen kommt, kann sich davon überzeugen, dass hier immer

1 Die »Charlotta« im Hafen von Mevagissey. **2** Die Bar im »Fountain Inn« erinnert an bewegte Zeiten. **3** Subtropische und fernöstliche Pflanzen wachsen im Trelissick-Garten. **4** Der alte Hafen des Fischerstädtchens Mevagissey im Morgenrot.

1 Das »Fountain Inn« liegt in einem unscheinbaren Winkel von Mevagissey. **2** Bilder zeigen das harte Fischerleben von einst. **3** Typisch englisch: Es blitzt und blinkt in der Bar. **4** Tolle Zimmer im ältesten Pub des Ortes.

noch ernsthaft gefischt wird. Überall Netze, Reusen, orangefarbenes Licht der Straßenlaternen, Boote, die sich im Wasser spiegeln oder bei Ebbe auf dem Sand liegen. Auch im Nieselregen bieten Fischerdörfer wie dieses eine idyllische Ruhe.

Ausgerechnet in einer solchen Umgebung auf eine Anekdote zu stoßen, die mit Hitler zu tun hat, zeigt mal wieder, wie skurril dieses England manchmal sein kann. In den 1930er-Jahren muss es einen besonders penetrant-diktatorischen Gemeinderat gegeben haben, der die Boote an der Kaimauer stechschrittartig abmessen und kontrollieren ließ. Daher wurde ein kleiner Park »Hitler's Walk« genannt.

Noch ruhiger geht es in Gorran Haven zu, ein paar Kilometer weiter südlich. Das Dorf ist kleiner als Mevagissey, der Hafen auch, bietet aber einen kleinen Sandstrand. Gerade für Familien mit Kindern ist Gorran eine sehr sichere und überschaubare Stelle, um mal wieder stressfrei eine Sandburg zu bauen. Als Autofahrer passiert man bei der Weiterreise Richtung Falmouth das Caerhays Estate. Im Frühjahr, nur von Februar bis Juni, ist der Garten geöffnet. Wenn er auch nicht so bekannt ist wie Heligan oder die Gärten des National Trust, ein Besuch lohnt sich. Falmouth mit Umgebung ist von den Proportionen her ein Hafen mit ein paar Häusern. Den besten Überblick erhält man oben am Pendennis Castle, das, genau wie das gegenüberliegende St. Mawes Castle, auch wieder Heinrich VIII. in Auftrag gegeben hat, zur Befestigung der Küste. Es galt, feindlichen Schiffen die Einfahrt in die Carrick Roads so schwer wie möglich zu machen. Ein Blick auf die Karte zeigt, dass diese fjordähnliche Wasserstraße hinter der Einfahrt zwischen Falmouth und St. Mawes sehr geräumig wird und sich tief ins Land hineinzieht.

Die Carrick Roads ist der drittgrößte Naturhafen der Erde, bietet mit ihrer Tiefe aber auch gute Ankerplätze für Ozeanriesen. Ende des 17. Jahrhunderts liefen hier die großen Windjammer

aus Übersee ein, um ihre Postladungen zu löschen. Mit Kutschen und kleineren, schnelleren Seglern wurden die Nachrichten aus der Neuen Welt auf ganz Großbritannien verteilt. Böse Zungen behaupten, so schnell sei die Britische Post vorher und nachher nie wieder gewesen. Mit dem Aufkommen von Dampfschifffahrt und Eisenbahn ging die Post dann zum neuen Umschlagplatz nach Southampton, aber dafür wurde die Region wassertouristisch stärker erschlossen.
Der östliche Landbereich der Carrick Roads, auf dem auch St. Mawes liegt, wird Roseland-Halbinsel genannt, aber nicht, weil hier besonders gut Rosen wachsen würden. Im Kornischen bedeutet das Wort »ros« so viel wie »Vorgebirge«, was erahnen lässt, wie abrupt die Landschaft hier vom Meer in steile, bewirtschaftete Hänge übergeht. In St. Just-in-Roseland, wo die angeblich meistfotografierte Kirche Englands steht, ist ein Bereich des Friedhofs an diese Steilküste gebaut. Die Küste wird natürlich vom Meer angeknabbert, was zur Folge hat, dass die Gebeine einige Toter in den nächsten Jahren doch noch eine unfreiwillige Seebestattung bekommen werden.

Zeit für Mevagissey & Falmouth

Anreise und Verbindungen

Auto: Von Dover sind die 530 km nach Mevagissey in ca. 7 h machbar, die Weiterreise aus dem Raum Plymouth dauert ca. 1,5 h.
Bus: Regelmäßige Buslinien von Falmouth nach Truro, Newquay, Penzance, St. Ives und über die Lizard Halbinsel.
Bahn: Regelmäßige Verbindungen von Falmouth Richtung Truro über Penryn.
Beste Reisezeit: ganzjährig.

Sehen und Erleben

Die Gärten Trebah & Glendurgan – s. S. 110 ff.
National Maritime Museum – Komplette Schiffe hängen an Stahlseilen in der Luft und die Laufstege dazwischen schweben ebenfalls. Das ist längst nicht alles, ein Besuch lohnt sich! Discovery Quay, Falmouth, Cornwall, Tel. +44 13 26 31 33 88, tgl. 10–17 Uhr, www.nmmc.co.uk
Pendennis Castle – schön gelegene Festung aus der Zeit Heinrichs VIII. Das Gegenstück zu St. Mawes Castle auf der Roseland Peninsula. Gemeinsam nahmen sie Angreifer ins Kreuzfeuer, die via Carrick Roads ins Inland vordringen wollten. Castle Close, Falmouth, Cornwall, Tel. +44 13 26 31 65 94, April–Juni & Sept. tgl. 10–17 Uhr, Juli–Aug. tgl. 10–18 Uhr, Okt.–März tgl. 10–16 Uhr, www.english-heritage.org.uk
Mevagissey Museum – In dem Gebäude wurden ab 1745 u. a. Schmugglerboote gebaut und repariert. Die Ausstellungen dokumentieren neben dem Leben mit dem Meer auch anderen Alltag im Mevagissey vergangener Tage. Durchaus sehenswert! East Wharf, Inner Harbour, Mevagissey, Tel. +44 17 26 84 35 68, tgl. 11–16 Uhr, www.mevagisseymuseum.co.uk, Eintritt frei, Spenden sind willkommen!

Unterkunft

The Fountain Inn – günstiges bis mittleres B & B. Der »Vater aller Pubs« in Meva aus dem 15. Jh. Urige Kneipe mit gutem Essen und noch besseren Zimmern. Traut man der Unterkunft von außen gar nicht zu. Es gibt einen alten Schmugglertunnel, der zum Hafen hinunterführt. Cliff Street, Mevagissey, Tel. +44 18 72 84 23 20, www.mevagissey.net/fountain.htm

Restaurants

Ferryboat Inn – Mahlzeiten für 8–20 £. Ein alter Pub, der modern eingerichtet wurde. Die schöne Aussicht auf das Flussleben wird mit überdurchschnittlich hohen Preisen erkauft. Helford Passage, Falmouth, Tel. +44 13 26 25 06 25, www.thewrightbrothers.co.uk
Miss Peapod's Kitchen Café – Mahlzeiten für 5–10 £. Mit kleinem Garten, empfehlenswert für gutes und günstiges Frühstück oder Kleinigkeiten. Jubilee Wharf, Penryn, Tel. +44 13 26 37 44 24, www.misspeapod.co.uk

Informationen

Falmouth Visitor Information Centre: 11 Market Strand, Prince of Wales Pier, Falmouth, Tel. +44 13 26 31 23 00, www.falmouth.co.uk
Tourist Information: 79 Meneage Street, Helston, Cornwall, Tel. +44 13 265 65 43, www.lizard-peninsula.co.uk

1

2

3

4

Durch Gärten und von Bucht zu Bucht

Kontraste auf der Lizard-Halbinsel

Der Lizard, die »Eidechse«. Eine Halbinsel voller Widersprüche. Einsam und wild, bekannt als Schiffsfriedhof, und trotzdem auch lieblich. Sonst würden in den Gärten nicht so viele exotische Pflanzen gedeihen, die es warm mögen. Der Lizard Point ist Großbritanniens südlichster Punkt.

Alle wollen nach Land's End und genau deshalb sollte man den Lizard ansteuern, um sich dort für ein paar Tage einzumieten. Der Lizard ist definitiv auch ein Landende, nämlich die südliche Begrenzung Cornwalls und vielfältiger als Land's End. Die Verballhornung des Namens zu »Lizard« kam erst mit der Zeit, ursprünglich wurde die Region »Lys Ardh« genannt, »Hohes Gericht«. Geografisch wird der Lizard von Rest-Cornwall durch den Helford River abgetrennt. Gleich nördlich, direkt an der Mündung des Helford River liegen zwei der bekannten Gärten von Cornwall: Glendurgan und Trebah. Beide wurden Anfang des 19. Jahrhunderts von der Familie Fox angelegt, einer zur Zeit der Industriellen Revolution sehr einflussreichen Unternehmerdynastie. Die Fox stammten aus dem nur 8 Kilometer entfernten Falmouth, besaßen Reedereien, verdienten an der Sardinenfischerei und waren im Bergbau involviert. Angeregt von den ersten prachtvollen, exotischen Pflanzen, die die englischen Kapitäne damals aus den Kolonien des Empire mitbrachten, stieg die Familie Fox bald auch in das Geschäft des Pflanzenimports ein. Schnell wurden sie auch zu Profis der Pflanzenpräsentation.
Zwischen 1820 und 1830 ließ Alfred Fox das Haus und den Glendurgan Garden in die Schlucht bei dem Dorf Durgan bauen. Die Schlucht schützt vor zu viel kaltem Wind und der Golfstrom hält das Wasserreservoir am unteren Ende der Schlucht das ganze Jahr über auf relativ konstanten Temperaturen. Glendurgan dürfte auch Gartenmuffeln gefallen und Kinder haben hier ihren Spaß an dem einzigartigen Labyrinth aus Lorbeerhecken. Unter anderem wachsen am oberen Ende der Schlucht Bambus, verschiedene Palmenarten, große Baumfarne und beeindruckend große Rhododendren.
Trebah, was auf kornisch »Haus an der Bucht« bedeutet, liegt in direkter Nachbarschaft zu Glendurgan und wurde etwas später von Charles Fox angelegt, paradoxerweise als Lustgarten. Charles Fox hatte nämlich nicht gerade den Ruf, besonders lus-

1 Der Hafen von Mullion Cove auf der Halbinsel The Lizard. **2** Blick in das Tal des Gartens von Trebah. **3** Wasserballspiele an der Kynance Cove. **4** Blick von der Housel Bay zum Leuchtturm am Lizard Point, dem südlichsten Punkt der Halbinsel.

1

2

3

tig zu sein. Er galt als pedantischer Wissenschaftler, der das Anpflanzen der Bäume ganz genau und aus erhöhter Position überwachte und den Gärtnern seine Kommandos mit dem Megaphon zubrüllte. Solche Chefs liebt man. Der Garten ist ein zauberhafter, abwechslungsreicher Schluchtgarten, durch den ein Rinnsal fließt, das sich im hinteren Bereich schließlich zu einem kleinen See aufstaut.

Wer zum Lizard Point oder in diese Richtung möchte, muss den Helford River umrunden. Das bedeutet, man kommt an Gweek vorbei, wo zumindest Familien einen interessanten Zwischenstopp einlegen können. Das National Seal Sanctuary ist eine »Aufpäppelstation«, in der neben Seehunden auch Seevögel für die Rückkehr in die Natur fit gemacht werden. Helston, der größte Ort auf dem Lizard, ist vermutlich nur aus zwei Gründen einen Besuch wert: Autofahrer, die mit Flüssiggas fahren, finden hier mal wieder eine Tankstelle und am 8. Mai (meistens) wird hier wie seit Jahrhunderten gefeiert. Der »Furry Dance« oder auch »Flora Day« ist eines der jährlichen Top-Events in Cornwall. Eine Mischung aus Straßenumzug in historischen Kostümen und Musikveranstaltungen in einer komplett mit Blumen geschmückten Stadt.

Im Mittelalter hatte Helston noch direkten Zugang zum Meer Richtung Südwesten, da wo jetzt der Loe Pool liegt. Cornwalls größter See wurde im 13. Jahrhundert von der Meeresströmung geschaffen, die im Verlauf der Zeit immer mehr Sand und Kiese anlagerte, die Loe Bar. Auf diese Weise rückte Helston in das Hinterland. Die Menschen aus der Region halten den Loe Pool für einen der Tümpel, in dem König Artus sein Schwert Excalibur versenkt haben soll. Das ist allerdings recht unwahrscheinlich, da Artus im 6. Jahrhundert gelebt haben soll, zu einem Zeitpunkt als der Pool noch gar nicht existierte. Eher könnte das Schwert da schon auf dem Grund des Dozmary Pool im Bodmin Moor liegen ...

Gleich nördlich vom Loe Pool ist das Surferparadies Porthleven erreicht. Man sollte hier aber schon Könner sein, denn die Atlantikwellen treffen dort ohne jegliche Reibungsverluste auf das dem offenen Meer ausgesetzte Land. Der gelbe Sand der Loe Bar und das mittags türkisfarbene Wasser sind sehr fotogen. Südwärts erstreckt sich der Strand bis hinter Gunwalloe und dann schließt sich gleich die kleine Bucht Church Cove an, benannt nach der Kirche in den Dünen aus dem 15. Jahrhundert. Die Church Cove ist eher ein Insidertipp, meist tummeln sich hier nur wenige Wellenreiter im Wasser.

1 Die Kynance Cove ist ein abenteuerlicher »Badestrand«. **2** Wellen können Kinder gegen die Felsen schleudern. **3** Blick über Mullion Cove vom Hotel aus. **4** Es geht mitunter wild zu an der Kynance Cove.

Von dem Hügel hinter der Kirche herrscht eine wunderbare Sicht auf den abgerundeten Zick-Zack-Verlauf der Küstenlinie Richtung Süden. Die hervorstehenden Landzungen heißen *point* oder *head*, die Buchten *coves*. Gleich die nächste ist die Poldhu Cove, dann folgt die Polurrian Cove und weiter hinten die Mullion Cove. Eine ist schöner als die andere und hier auf dem Lizard sind die Strände bei Weitem nicht so überlaufen wie in anderen Regionen. Das Gebäude im Vordergrund, oben auf der Klippe, war früher das Poldhu Hotel und dürfte nun eines der am schönsten gelegenen Seniorenheime sein. Hier auf den Klippen hat es seinerzeit gefunkt, nicht romantisch wie bei Rosamunde Pilcher, sondern technisch, dank des italienischen Erfinders Guglielmo Marconi. Am 12. Dezember 1901 piepsten zum ersten Mal Funksignale über den weiten Atlantik, vom Poldhu Point nach St. Johns in Neufundland. Ein einfacher Buchstabe – »S« wie super. Die jahrelange Entwicklungsarbeit an dieser Erfindung hatte natürlich vorher kein Mensch ernst genommen. Warum auch, hatte doch der Direktor des US-amerikanischen Patentamts, Charles H. Duell, noch 1899 sinngemäß festgestellt: »Alles was der menschliche Verstand in der Lage ist zu erfinden, ist bereits erfunden.« 1908 wurde Marconi für seine Innovation mit dem Nobelpreis ausgezeichnet. Noch nach dem Jahr 2014, 100 Jahre

1 Das Haupthaus im Glendurgan-Garten. **2** Hier wachsen aufgrund des Golfstromklimas üppige subtropische Pflanzen. **3** Der Irrgarten in Glendurgan wurde 1833 angelegt. **4** Trebah Garden ist bekannt für seine Rhododendren, die im Mai blühen – und für Nessie. **5** Trebah Garden: ein verschwenderisch schönes Ambiente. **6** Der Tulpenbaum empfängt mit ausgebreiteten Armen. **7** Baumfarn im Trebah Garden.

nach Ausbruch des Ersten Weltkriegs, drängt sich, nicht nur wenn man vor dem Obelisken des Marconi Memorial steht, noch immer der Wunsch nach mehr Toleranz, Neugierde und Offenheit auf, um die Menschheit dadurch weiterzubringen.
In der Umgebung der Poldhu Cove soll der Pirat John Avery, der bis Ende des 17. Jahrhunderts wirklich gelebt hat, einen Schatz vergraben haben. Das inspirierte Romanautor Daniel Defoe. Defoe, bekannt durch Robinson Crusoe, war Zeitgenosse von Avery. In der heutigen Zeit gibt es nun mehr und mehr Menschen, die sich mit Detektoren auf die Suche nach Metall im Untergrund machen. Oberhalb der Polurrian Cove steht das Polurrian Hotel. Es gilt als besonders familienfreundlich, denn darauf legen die Besitzer viel Wert, die auch das Fowey Hall Hotel in Fowey betreiben. Den abgeschiedenen, traumhaften Strand erreicht man über einen Trampelpfad direkt vom Hotel aus. Das nächste große Hotel Richtung Süden, in Sichtweite, ist das Mullion Cove Hotel. Gleich unterhalb liegt der kleine Hafen mit der starken Kaimauer, auch immer für ein schönes Foto gut. Zwischen Mullion Cove und Cadgwith, auf der Ostseite der Lizard Halbinsel, bietet es sich bei gutem Wetter wirklich an,

6

7

sich auf einem Abschnitt des »South West Coast Path« die Füße zu vertreten. Die gesamte Strecke beträgt 20 Kilometer, wenn es nicht regnet, ein Vergnügen. Man kann den Weg in Kynance Cove oder auch am Lizard Point verkürzen und mit dem Bus 33 zurückfahren. Herrlich idyllisch führt der Klippenwanderweg durch Brombeersträucher, Ginsterbüsche, Heidekraut und an vielen durch und durch grünen Felsen vorbei. Von außen sind sie mit Moosen und Farnen überzogen, aber der in dieser Region charakteristische Serpentinit, auch »Schlangenstein« genannt, ist sogar von innen grün. Frühere Generationen sahen in seiner Oberfläche eine schlangenhautähnliche Befleckung und bildeten sich ein, er würde gegen Schlangenbisse helfen. Zumindest hilft er beim Ausdrücken von Zigaretten, denn die Souvenirshops im Dorf Lizard verkaufen polierte Serpentinit-Aschenbecher.

Geboomt hat der Serpentinitverkauf in viktorianischen Zeiten. Damals unterbrach auch der deutsche Ehegatte der Königin, Prinz Albert, seine Bootstour für einen Besuch mit den Kindern in der Kynance Cove. Man grinst noch heute darüber, dass dem guten Mann von der Schaukelei speiübel war. Kein Wunder, denn selbst an herrlichen Sonnentagen ist der Wellengang an der Kynance Cove nicht zu unterschätzen. Diese zerklüftete Bucht mit ihren hohen Klippen, Felsen im Wasser und bei Ebbe weißen Sandflächen dazwischen ist sicherlich der spektakulärste Badestrand, den Lizard zu bieten hat. Aber Vorsicht! Beobachten Sie die Väter, die ihre Kinder laut instruieren. Die Elemente sind hier in ihrem Element und der Mensch ist sehr zerbrechlich. In der Kynance Cove gibt es bei jedem Wetter und

1

2

3

1 Das spätviktorianische »Housel Bay Hotel« direkt am South West Coast Path. **2 und 3** Die Zimmer und das Restaurant des »Housel Bay Hotel« bestechen durch ihren großartigen Blick übers Meer. **4** In der gemütlichen Bar hängen interessante Zeitungsnotizen aus vergangenen Zeiten an der Wand.

zu jeder Tageszeit Fotomotive, aber in der Mittagszeit ist das Farbenspiel von kräftig türkis schillerndem Wasser vor dem weißen Strand besonders intensiv.

Knapp 3 Kilometer weiter südlich biegt der Wanderweg allmählich nach links ums Eck und der Leuchtturm am Lizard Point kommt in Sicht. Speziell in der Abenddämmerung kann man sich an dieser Stelle schön ins Gras setzen, sein mitgebrachtes Guinness trinken und dem zuckenden Licht zuschauen. Rund 40 Kilometer weit hinaus auf See erreicht das Lichtsignal die Schiffe. Das Lizard Lighthouse ist von 1762, aber auch vorher schon sicherte hier ein Leuchtturm die Seefahrt. Schwere See und reichlich furchteinflößende Felsen ließen hier viele Schiffe zerschellen. Der Lizard ist einer der schlimmsten Schiffsfriedhöfe in diesen Gewässern. 1720 kenterte das erste Schiff am Shag Rock: die »Royal Anne«, 207 Mann ertranken. Die Besatzung eines weiteren, havarierten, kanadischen Schiffes hatte 50 Jahre später mehr Glück. Ein Matrose trieb mit einem Rumfass an Land, ein anderer hielt sich an einem lebenden Schwein fest. Alle erreichten das rettende Ufer, sogar die Schiffskatze. Komplett marschierte die Crew in die nächste Kneipe, um gemeinsam mit der Dorfbevölkerung das Glück im Unglück zu feiern. Das Rumfass wurde seiner Bestimmung übergeben, sprich leer gemacht. Der Pubbesitzer bezahlte der Crew später den Transport nach Falmouth, im Gegenzug fanden die Schiffskatze und auch das Schwein, das als Schwimminsel gedient hatte, ein neues Zuhause im Pub. Der Katze soll es dort jahrelang gut gefallen haben, beim Schwein dürfte die Eingewöhnungsphase zu kurz gewesen sein. Es wird vermutlich eher die Erfahrung gemacht haben: Undank ist der Welten Lohn. Wanderern bietet sich im Dorf Lizard reichlich Möglichkeit zur Kalorienaufnahme, aber mehr auch nicht. Besser man folgt dem Weg noch ein bisschen nach Osten, dort kommt dann bald die Housel Bay. Sie bietet mehrere Vorteile. Der Blick nach unten auf den Strand der Bucht erinnert an die Kynance Cove, ist aber nicht ganz so eindrucksvoll. Links oben steht das Housel Bay Hotel, kein übertrieben teures Etablissement mit Restaurant und Café. Im Garten von den Bänken lässt sich die Aussicht auf den Leuchtturm genießen. So ist der Lizard.

Zeit für die Lizard-Halbinsel

Anreise und Verbindungen

Auto: Von Dover sind die 600 Kilometer nach Lizard in ca. 7,5 h machbar, die Weiterreise aus dem Raum Plymouth dauert ca. 2,5 h.
Bus: Die Linien 32 und 33 decken den Lizard von Helston aus ab.
Beste Reisezeit: ganzjährig.

Sehen und Erleben

Kynance Cove – Bei gutem Wetter ist der Besuch ein Muss. Von den Felsformationen, von der Klippenlandschaft her spannender als die Bedruthan Steps bei Newquay. Karibisch türkises Wasser. Bei schwächerem Wetter kann man sich auf dem Weg zum Café wenigstens ein wenig die Beine vertreten.
Mullion Cove – noch drei tolle Strände etwas nördlich der Kynance Cove. Mullion, Polurrion und Poldhu. Tolle Sicht Richtung Süden bietet die kleine ruhige Church Cove.
Lizard Point – Das Dorf ist nur als Parkplatz erwähnenswert. Der South West Coast Path nach Westen wie Osten bietet viele schöne Aussichten. Der Leuchtturm kann besichtigt werden, vorher nach Öffnungszeiten erkundigen. Tel. +44 12 55 24 50 11, www.lizardlighthouse.co.uk
Glendurgan – Der Garten wurde ab 1820 u. a. mit viel Ahorn, Rhododendren und eindrucksvollen Baumfarnen von Alfred Fox in einem engen Tal angelegt. Top-Highlight ist das Labyrinth. Tolle Fernsicht über das Tal auf den Helford River. Mawnan Smith, Nähe Falmouth, Cornwall, Tel. +44 13 26 25 20 20, ww.nationaltrust.org.uk
Trebah – wurde nach Glendurgan, ab 1840, vom Bruder Charles Fox angelegt. Viele Farne, Stauden und natürlich auch Rhododendren. Am unteren Ende der Schlucht befindet sich ein kleiner Strand. Mawnan Smith, Nähe Falmouth, Cornwall, Tel. +44 13 26 25 22 00, www.trebahgarden.co.uk

Unterkunft

Housel Bay Hotel – günstig bis mittleres Preisiniveau. Das Gebäude wurde Ende des 19. Jhs. gebaut und bietet in erster Linie eine fantastische Aussicht aufs Meer, auf die Housel Bay und den Leuchtturm. Eine optimale Dependance für Wanderer mit 21 Zimmern. Spätviktorianisches Haus mit großer Terrasse. The Lizard, Cornwall, Tel. +44 13 26 29 04 17, www.houselbay.com

Restaurants

South Café – Mahlzeiten für 8–15 £. Gespeist wird im lichtdurchfluteten Bistro oder im geschützten Garten. Kreative mediterrane und englische Küche mit Fisch, Fleisch & Geflügel. Church Lane, Manaccan, Tel. +44 18 72 27 73 97, www.south-cafe.co.uk
Halzephron Inn – Mahlzeiten für 10–20 £. Der 500 Jahre alte Pub profitiert in erster Linie von seiner Lage oberhalb des Strandes von Gunwalloe. Rustikal, gemütlich, hell, mit maritimem Flair. Die Küche bietet lokale Produkte, ganz frischen Fisch, leckere Puddings und das Eis von Roskilly's aus der Nachbarschaft, man kommt aber wegen des Ausblicks!
Gunwalloe, The Lizard, Helston, Cornwall,
Tel. +44 13 26 24 04 06, www.halzephron-inn.co.uk

Informationen

Tourist Information: 79 Meneage Street, Helston, Cornwall, TR13 8RB, Tel. +44 13 265 65 43, www.lizard-peninsula.co.uk

1

2

3

Festung und mystische Pilgerstätte

Der St. Michael's Mount an der Mount's Bay

Vom Lizard kommend sieht man ihn schon früh im Wasser stehen, bei Ebbe ragt er aus dem Sand. Der Burgberg St. Michael's Mount ist der jüngere Bruder des Mont St. Michel auf der französischen Seite. Beide sind nach dem Erzengel Michael benannt. Das hat seine Gründe.

Entlang der südenglischen Küste gibt es viele beeindruckende Abschnitte. Zu den schönsten Landschaften zählt die langgezogene Meeresbucht Mount's Bay mit dem Ort Penzance im Hintergrund und dem berühmten Burgberg St. Michael's Mount vor der Küste. Er ist eine echte Filmkulisse, ganz besonders aus der Blickrichtung von Ost nach West und in der Dämmerung, wenn sich die dunkle Silhouette nur noch gegen den Himmel abzeichnet. Man muss wirklich kein Faible für Esoterik haben, um zu spüren, dass dieser Stelle in Cornwall eine gewisse Magie innewohnt. Warum sonst fahren wohl so viele Menschen immer wieder kurz hin, wenn sie in der Nähe sind, nur um den Blick zu genießen, selbst wenn sie es eigentlich eilig haben oder das Wetter schlecht ist? Der St. Michael's Mount hat sehr viel Anziehungskraft und mindestens drei Gesichter. Von Osten kommend wirkt er wie das Märchenschloss einer Sage, frontal, vom Ort Marazion gesehen, wie die Festung, die er einst war, und von Penzance aus betrachtet ist er einfach ein schönes Fotomotiv im Wasser.

Im Jahr 495 soll kornischen Fischern im Nebel der Heilige Michael erschienen sein und daraufhin wurde eine erste, kleine Kirche auf die Felsen gebaut. Auf vielen Bildern sieht Michael mit Schwert oder Lanze wie ein recht aggressiver Heiliger aus, was dem Festungscharakter des St. Michael's Mount entspricht. Kirche und Krieg, Mönche, Politiker und Piraten prägten seither die Geschichte des Burgbergs. Nachdem am 29. Juli 1588 vom Lizard aus die Spanische Armada gesichtet wurde, brannte auf dem St. Michael's Mount das erste Leuchtfeuer, das die Nachricht Richtung Plymouth weitergab.

Die strategische Bedeutung der Klosteranlage auf dem Burgberg, insbesondere während des über Hundertjährigen Krieges gegen Frankreich und natürlich im Bürgerkrieg, war wesentlich größer als seine religiöse. Einige Jahrhunderte vorher, nachdem

1 Stürmische See am St. Michael's Mount im Herbst. **2** Stilleben mit Strandgut. **3** Heimelige Atmosphäre im »Mount Haven Hotel«. **4** Der »Shuttleservice« fährt zu der Gezeiteninsel St. Michael's Mount, wenn der Damm vom Meerwasser überspült ist.

1 Der St. Michael's Mount war lange Zeit Pilgerstätte. Heute pilgern hier nur mehr Besucher. **2** Tücken der Flut: Wer zu spät kommt ... bekommt nasse Füße. **3** Der Pilgerweg zur Insel, die weit weniger frequentiert ist als das französische Pendant. **4** »Exakte« Wettervorhersage.

Wilhelm der Eroberer 1066 bei Hastings gewonnen hatte, zog er durch ganz Südengland. Als er in Marazion ankam und über das Meer blickte, wird er sich sicher gedacht haben: »Eine Kirche auf einem Fels im Wasser vor der Küste. Na, sieh mal an, wie bei uns zu Hause in der Normandie!« Jedenfalls eroberte er sogleich den St. Michael's Mount und unterstellte ihn den Benediktinermönchen vom Mont St. Michel. Die wussten, was sich auf so einem Felsen gut macht und erweiterten die kleine Kirche ab 1135 zu einem größeren Kloster auf dem Berg. So hatte man einen weiteren Anlaufpunkt für Pilger aus Irland, Schottland, Wales und England geschaffen, die sich auf dem Weg nach Santiago de Compostela in Spanien befanden. Und noch heute ist der »St. Michael's Way«, zwischen St. Ives im Norden und Marazion an der kornischen Südküste, ein kurzer »Zuweg« zum berühmten »Jakobsweg« auf der Iberischen Halbinsel.

Der Berg und die Kultstätte blieben, lediglich die Verwendung änderte sich unter Heinrich VIII. im 16. Jahrhundert. Man muss wirklich kein Militärexperte sein, um zu erkennen, dass diese Landmarke wie geschaffen war, um in seinem Küstenverteidigungsprogramm als Festung eine Hauptrolle zu spielen. Heinrich hatte nach der Trennung von Rom die Klöster der Katholischen Kirche enteignet.

In Sichtweite des St. Michael's Mount hatte im 18. Jahrhundert John Carter, einer der berühmtesten und ehrenwertesten Schmuggler, seinen Arbeitsplatz. Etwas südöstlich von Marazion, gleich hinter der Landzunge Cudden Point, liegt die Prussia Cove, die »Preußenbucht«. Die bezaubernde Bucht ist benannt nach eben jenem Carter, der wohl ein großer Fan des Königs von Preußen war. Auch er hat immer die Anführerrolle gesucht. Einer Legendenversion nach war Carter in Fowey im Hauptberuf Gastwirt des Pubs »King of Prussia«. Man brauchte schließlich eine bürgerliche Scheinexistenz, wenn man seinen schönen Nebenerwerb nicht zu leichtsinnig aufs Spiel setzen wollte. Die Zollbeamten waren den Schmugglern nämlich permanent auf den Fersen. John Carter besaß auch ein Cottage in der späteren Prussia Cove, in dem sich gerade mal wieder die heiße Ware stapelte, als die Zöllner das Haus durchsuchten. Der Fund wurde beschlagnahmt und nach Penzance gebracht, wo die Zöllner ihre eigenen Lagerhallen hatten. Leicht verstimmt marschierte Carter in einer der nächsten Nächte nach Penzance, brach den Schuppen des Gesetzes auf und holte sich zurück, was seiner Meinung nach ihm gehörte. Fremdes Schmuggelgut ließ er zurück, er war ja schließlich kein Ganove. Weder in seiner eigenen Wahrnehmung noch in der der Bevölkerung, die von seinem »Gewerbe« auch profitierte, da Schmuggeln damals eine Art Breitensport war.

So fixiert viele Besucher auf den St. Michael's Mount sind, nehmen sie den Ort nur am Rande wahr. Dabei gilt Marazion als älteste Stadt Cornwalls, nachdem ihr die Rechte bereits 1257 von Heinrich III. zugesprochen worden waren. Schon um das Jahr 1000 fanden hier regelmäßig zwei Märkte statt, der eine war der »Donnerstagsmarkt«, auf kornisch der *Marghas Yow*. Aus diesem Wort soll sich, wie so oft durch Verballhornung, die ungewöhnlich klingende Bezeichnung »Marazion« entwickelt haben. Im Sommer sind die Parkplätze entlang der Küstenstraße ab elf Uhr alle zugeparkt. Viele gehen Leute nicht einmal zum Strand

1 Die gemütliche Bar im »Mount Haven Hotel«. 2 »Heavenly«: himmlische Räume im »Mount Haven«. 3 Das wohl stimmungsvollste Ambiente in Cornwall findet man hier. **4 bis 6** Chefin Orange legt großen Wert auf eine familiäre Atmosphäre und ihr Haus verdient zurecht das Attribut »Wohlfühloase«. Hier mit einem Freund des Hauses.

hinunter. Sie setzen sich einfach mit ihren Campingstühlen neben die Autos, genießen die Aussicht und beobachten die Kitesurfer in den Wellen vor dem St. Michael's Mount.
Andere pilgern im Touristenstrom durch den Ort. Sie suchen das Nadelöhr neben dem Hotel »Godolphin Arms«. Hier gelangt man über eine Treppe auf den alten Kopfsteinpflasterweg, der bei Ebbe Fußgänger und auch Lieferwagen auf einem niedrigen Damm zum St. Michael's Mount hinüberführt. Wenn das Wasser den Weg bedeckt, bieten kleine Motorboote einen Shuttleservice. Drüben wird man vom Kassenhäuschen des National Trust in Empfang genommen. Die Familie St. Aubyn, die den Berg im 17. Jahrhundert erwarb und später auch konstant bewohnte, überschrieb das Anwesen 1954 an den Trust, unter der Bedingung, dass ihre Nachfahren hier zur Untermiete weiter wohnen dürfen – und zwar die nächsten 999 Jahre.
Ein Rundgang durch das Haus lohnt sich: Zu sehen sind ein Rokokosalon, der Chevy Chase Room, Chippendale-Möbel, eine

Bibliothek und jede Menge privater Familienfotos der St. Aubyns. Man selber ist mittendrin, wie die anderen ca. 200 000 Besucher, die dem St. Michael's Mount jährlich ihre Aufwartung machen. Wenn man bedenkt, dass die Insel den Stürmen und der Gischt des Salzwassers voll ausgesetzt ist, ist es bewundernswert, was im Terrassengarten so alles wächst: Yucca-Palmen, Mimosen, Fuchsien und Hortensien. Wetterempfindliche Importe aus Asien, Australien und Afrika, wie sie im Eden Project (s. S. 92 ff.) in den computerklimatisierten Gewächshäusern stehen, gedeihen hier im Freien. *It's a kind of magic!*

Zeit für St. Michael's Mount

Anreise und Verbindungen

Auto: Von Dover sind die 570 km nach Marazion in ca. 7,5 h machbar, die Weiterreise aus dem Raum Plymouth dauert ca. 2,5 h.
Bus: National Express verbindet einige Städte mit Penzance. Für die Penwith-Halbinsel ist Penzance der wichtigste Knotenpunkt, www.cornwallpublictransport.info.
Beste Reisezeit: ganzjährig.

Sehen und Erleben

St. Michael's Mount – ein Top-Highlight in Cornwall, das viele Menschen immer wieder anzieht. Marazion, Cornwall, TR17 0HS, Tel. +44 17 36 71 05 07, März–Okt. So–Fr 10.30–17.30 Uhr, www.nationaltrust.org, www.stmichaelsmount.co.uk
Prussia Cove & Praa Sands – schöner Strand an der Bucht, die nach dem Schmuggler John Carter, dem *King of Prussia*, benannt wurde.

6

Unterkunft

Mount Haven Hotel – mittlere bis obere Preisklasse. Die Wohlfühloase am St. Michael's Mount! Entspannte, fröhliche Atmosphäre mit sehr guter Küche. Bei Sonnenuntergang auf der Terrasse sitzen, nach dem Aufwachen aus dem Fenster schauen, und immer zeigt sich der St. Michael's Mount von seiner verträumtesten Seite. Viel romantischer geht es nicht. Turnpike Road, Marazion, Nr Penzance, Cornwall, Tel. +44 17 36 71 02 49, www.mounthaven.co.uk

Restaurants

Mount Haven Hotel – Mahlzeiten von 10–20 £. Was das Herz begehrt: Steak, Fisch, Geflügel – stylish arrangiert. Auch die Desserts und der Kuchen sind sehr lecker. Modern und hell eingerichtet mit außergewöhnlich guten, großformatigen Fotografien der Region an den Wänden. S. oben.
Godolphin Arms – Mahlzeiten für 8–20 £. Liegt direkt am Weg hinüber zum St. Michael's Mount. Die Küche ist nach Aussage von Einheimischen besser als vor der Renovierung! Von Sandwiches über Burger und Fish & Chips bis zu Fleisch-, Geflügel- und Fischgerichten reicht das breite Angebot. Mediterraner Stil und alle Produkte von lokalen Partnern. West End, Marazion, Cornwall, Tel. +44 17 36 88 85 10, www.godolphinarms.co.uk

Informationen

Offizielle Website von Marazion:
www.marazion.info

1

2

3

4

Die Verkannte und die Umbenannte

Penzance und Mousehole

Mit 20 000 Einwohnern ist Penzance eine der größten Städte in Cornwall. In Sichtweite des St. Michael's Mount und mit St. Ives »um die Ecke« hat der Ort viel Konkurrenz. Selbst das viel kleinere Mousehole, ein paar Kilometer weiter, finden viele Urlauber charmanter.

»Pen Sans« bedeutet auf Kornisch »heilige Landspitze«. Es ist auf der Penwith-Halbinsel als Verkehrsknotenpunkt und Handelsstadt bedeutend, in der es schlicht Arbeitsplätze gibt. Die Züge und Busse aus London haben hier Endstation, die Autobahn aus östlicher Richtung endet hier, Schnellzüge, beispielsweise nach Schottland, starten hier, und die Sehenswürdigkeiten der Region sind von Penzance aus mit Bussen gut erreichbar. Auf die Scilly-Inseln kommt man mit der Fähre oder dem Helikopter. Das liest sich so, als sei Penzance nur wegen seiner infrastrukturellen Bedeutung erwähnenswert, was natürlich nicht stimmt. Der Ort hat die Historie genauso durchlaufen wie Fowey, Dartmouth oder Mevagissey, verbunden mit den entsprechenden Geschichten, die die Seefahrt, die Eroberung von Kolonien, der Schmuggel und die Piraterie geliefert haben. Dies hat auch das Stadtbild geprägt: urige, alte Pubs wie »Admiral Benbow« oder »Turk's Head« wechseln sich ab mit ganz normalen Wohnhäusern, dazwischen steht dann wieder ein *Folly*, ein verrückter Bau wie das Ägyptische Haus von 1830.

Napoleons Ägypten-Feldzug hatte den Bauherren und Architekten das Spielen mit Stilelementen aus Pharaos Tagen noch einmal ins Bewusstsein gebracht. Pyramiden, Totenkulte und Mysterien regten die Fantasie der Menschen schon immer an. Dementsprechend wurde alles Passende und Unpassende, vom Friedhof bis zum Gefängnis, »ägyptisch« gestaltet. Eigentlich war diese Phase, die bis Anfang des 18. Jahrhunderts zurückreicht, schon über den Zenit, aber die Fassade des Ägyptischen Hauses ist noch ein Beispiel aus ihren Ausläufern.

Kurz gesagt: Penzance bietet ebenso viel wie andere Orte an der Küste, wenn auch nicht ganz so einseitig auf Urlauber ausgerichtet. Dafür gibt es aber etwas Entscheidendes mehr: ein authentisches Stadtleben, denn Penzance ist keine Puppenstadt! Im Bereich Alverton, Chapel, und Market Street findet man gute Eisdielen, Geschäfte aller Art und gut sortierte Buchhandlungen,

1 Illustre Parkplatzwärter in Mousehole. **2** »Mauseloch«: Der Name ist Programm. **3** Das Weingut »Polgoon« produziert Cider und Wein bei Penzance. **4** Der idyllische Hafen der 850-Seelen-Gemeinde Mousehole. Hier wird Fischertradition großgeschrieben.

1 Skulptur im Garten des »Old Coastguard«. **2** Die Mahlzeiten hier sind gut, einfach und reichlich. **3** Geschmackvoll, großzügig eingerichtete Räume mit viel Licht bietet das B & B »Old Coastguard«. **4** »The Old Coastguard« – eine gute Adresse.

endlich mal wieder mehr als nur Souvenirs. An der A 30 nach Marazion wurde ein Gewerbegebiet mit drei Supermärkten angelegt, die angesichts der wenigen Konsumenten auf der Penwith-Halbinsel viel zu groß sind. »Morrisons«, »Tesco« und »Sainsbury's« zerstören sich hier gegenseitig die Existenz. »Morrisons« hat bis 24 Uhr geöffnet.

Auf der Küstenstraße nach Newlyn und Mousehole geht es zu den Battery Rocks, wo es sich herrlich erfrischend schwimmen lässt. Der »Jubilee Pool« ist ein einfach einzigartiges Art-déco-Strandbad von 1935, das in den 1980er-Jahren renoviert worden ist. Von dem kleinen Café im hinteren Winkel bietet sich eine tolle Aussicht auf Penzance und die Bucht mit dem St. Michael's Mount und auch der Kuchen schmeckt lecker. In Mousehole sollte man sein Auto gleich am Ortsanfang links auf den großen Parkplatz fahren. Das 900-Seelen-Dorf besteht aus ganz engen Gassen rund um die Hauptattraktion, den besonders atmosphärischen alten Hafen.

Wer den Dorfnamen mit »Mauseloch« übersetzt, macht gleich zwei Fehler. Erstens sprechen die Einheimischen ihr Dorf »Mousel« aus und zweitens ist das nur im Sinne des Gewohnheitsrechts in Ordnung. Die ursprüngliche, kornische Bezeichnung war nämlich »Porth Enys« nach dem Hafen der Insel. Es gibt eine Höhle in der Nähe, die allerdings »Mouse-Hole« heißt und möglicherweise ein Schmugglerversteck war. Es wird vermutet, dass

ihr Name im Verlauf der Zeit auf den angrenzenden Ort übertragen wurde.
Das »Keigwin House« aus dem 14. Jahrhundert ist das älteste Gebäude im Dorf. Sein damaliger Besitzer, Jenkyn Keigwin, bezahlte diese besondere Auszeichnung mit dem Leben, als er sich als Einziger Dorfbewohner den Spaniern entgegenstellte, die mit vier Galeonen im Rahmen einer Strafexpedition hier einfielen und den Ort niederbrannten. Sein Haus ließ man weiter existieren, ihn nicht. Partystimmung kurz vor Weihnachten hält die Erinnerung an eine andere, sehr glücklich verlaufene, Geschichte wach. Am 23. Dezember wird im »Ship Inn« jedes Jahr Tom Bawcock zu Ehren die »Sternengucker-Pastete« – *Stargazy Pie* – serviert, eine Pastete, in der die Fischköpfe nach oben, zu den Sternen, aus der Kruste schauen. Der Legende nach soll im 16. Jahrhundert zur Weihnachtszeit dem Dorf mal eine Hungersnot gedroht haben, da die Fischer sich schon wochenlang wegen stürmischen Wetters nicht aufs Meer getraut hatten. Es gab nichts mehr zu essen. Bawcock hatte den Mut, auszulaufen und das Glück, mit einem großen Fang zurückzukehren. Die ursprüngliche Pastete enthielt sieben Fischsorten. Die Köpfe ließ man herausschauen, um zu beweisen, dass es tatsächlich Fisch zu essen gab. Ende gut, alles gut.

Zeit für Penzance & Mousehole

Anreise und Verbindungen

Auto: Von Dover sind die 570 km nach Penzance in ca. 7 h machbar, die Weiterreise aus dem Raum Plymouth dauert ca. 2,5 h.
Bus: National Express verbindet einige Städte mit Penzance. Für die Penwith-Halbinsel ist Penzance der wichtigste Knotenpunkt (www.cornwallpublictransport.info).
Bahn: mehrfach täglich Züge nach London Paddington.
Beste Reisezeit: ganzjährig.

Sehen und Erleben

Polgoon Vineyard & Orchard – Zwei Brüder, ehemalige Fischhändler, bauen unter den erschwerten Bedingungen Cornwalls Wein an. Und sie haben schon viele Preise gewonnen. Bei Besichtigungen mit Verkostung kann man weitere kulinarische Souvenirs erstehen. Rosehill, Penzance, Tel. +44 17 36 33 39 46, www.polgoon.com
Jubilee Pool – Das Wasser wird in diesem Design-Strandbad der 1930er-Jahre nicht beheizt, aber einen Besuch ist es auf jeden Fall wert. Western Promenade Road, Tel. +44 17 36 36 92 24, Mai–Sept. 10.30–18 Uhr, www.jubileepool.co.uk

Unterkunft

The Old Coastguard – gehobene Preisklasse. Ein gemütliches B & B mit schönem Garten gleich am Ortseingang. Die Zimmer sind hell, groß, geschmackvoll eingerichtet und alle mit eigenem Bad. Sehr entspannte Atmosphäre im Pub, in dem regelmäßig Ausstellungen und Events stattfinden. The Parade, Mousehole, Penzance, Tel. +44 17 36 73 12 22, www.oldcoastguardhotel.co.uk
YHA-Hostel Penzance – Jugendherberge, B & B für ca. 14 £. Es lohnt sich, von Deutschland den Mitgliedsausweis des DJH mitzunehmen, besonders für Familien. Die Herbergen sind oft sehr schön, schon fast feudal, und günstig. Reservieren nicht vergessen. Castle Horneck, Penzance, Tel. +44 84 53 71 96 53, www.yha.org.uk

Restaurants

Bakehouse –Mahlzeiten für 8–20 £. Es gilt der uralte Tipp, dorthin zu gehen, wo auch die Einheimischen hingehen. Abends ist Reservieren angesagt. Für die Steaks reisen *Cornishmen* aus der ganzen Region an. Chapel Street, Penzance, Tel. +44 17 36 33 13 31, www.bakehouserestaurant.co.uk
The Honey Pot – Essen für 4–11 £. Ein Café, das deutlich mehr als Kaffee und Kuchen bietet. Die Speisekarte enthält eine große Auswahl wechselnder Gerichte aus frischen Zutaten. 5 Parade Street, Penzance, Tel. +44 17 36 36 86 86, www.thehoneypotpz.co.uk

Informationen

Tourist Information Centre: Penzance, Station Approach, TR18 2NF, Tel. +44 17 36 33 55 30, www.purelypenzance.co.uk

1

2

3

4

Spektakel unter freiem Himmel

Minack Theatre, Karibikstrand, Logan Rock

Ein gutes Tagesprogramm im Dorf Porthcurno lautet: Nach dem Frühstück in den weißen Sand des Traumstrands legen, dem Logan Rock seine Aufwartung machen, nachmittags Theater im Minack genießen und dann zum Sonnenuntergang bis an Land's End weiterreisen.

Niemand muss in seiner Heimatstadt ein Theaterabo besitzen, um von der Freilichtbühne Minack Theatre begeistert zu sein. Hoch über der Meeresbrandung wurden dem grauen Granit der Steilküste rund 750 steil ansteigende Sitzplätze plus Bühne abgerungen. Auch architektonisch ist dieses Amphitheater eine ganz starke Leistung. Wenn die Sonne scheint, ist der Himmel über dem Theater tiefblau und das glasklare Wasser leuchtet türkis wie in der Karibik. Die I-Tüpfelchen: Die Badebuchten Richtung Penzance warten mit annähernd weißem Sand zwischen grau-braunen Felsen auf. Im Hintergrund bilden die Felsen, auf denen auch der Logan Rock liegt und nicht mehr wackelt, die Kulisse für diese »Naturkathedrale«. Eine grandiose Küstenlandschaft, mehr Kontrast geht fast nicht. Türkis lässt die globale Lichttechnik das Wasser nur nachmittags schimmern, wenn die Sonne noch relativ senkrecht steht. Am Abend ist es schwarzblau, aber dafür dämmert der Himmel dann oft violett. Auch nicht schlecht.

Selbstverständlich überträgt sich diese einzigartige Atmosphäre auf jeden einzelnen Akteur unten auf der Bühne. Jeder gibt sein Bestes, völlig egal ob das Ensemble aus Profis oder Laienschauspielern besteht. Und die Tickets sind preisgünstig, wenn man bedenkt, dass das Minack, wie die meisten britischen Theater, nicht subventioniert wird. Bei gutem Wetter vor Ort sollte man sich spontan eine Aufführung anschauen und im Zweifelsfall einen anderen Punkt von der Liste der Reiseziele streichen. Viele Zuschauer kommen schon zwei Stunden vor Beginn, um auf dem Parkplatz neben ihren Autos zu picknicken. Es empfiehlt sich, die Kamera immer griffbereit zu halten, mit etwas Glück entdeckt man Robben im Wasser.

Die einen schwimmen zum »Touristengucken« am Strand entlang, die anderen schauen sich ein Theaterstück an. Sonnencreme, Kopfbedeckung und Trinkwasser nicht vergessen! Wenn wenig Brise geht und die Sonne ordentlich auf die Felsen brennt, kann es unerwartet stickig werden. Gerade ältere Herrschaften

1 In die Rückenlehnen sind die Premierentermine der Freilichtbühne eingraviert. **2** Fast wie an der Adria: der Badestrand unterhalb des Theaters. **3** Seit den 1930ern begeistert das Minack Theatre sein Publikum. **4** Inszenierung des Musicals »Chess« vor großer Kulisse.

1

2

3

bekommen durchaus öfter Kreislaufprobleme. Das Personal im Theater ist auf »wegkippende« Zuschauer eingestellt. Bei jeder Veranstaltung sind Sanitäter und ein Arzt anwesend.

Die treibende Kraft hinter dieser einzigartigen Freilichtbühne hieß Rowena Cade. Die theaterverrückte Dame war 1929 als Organisatorin für eine lokale Schauspielertruppe tätig, die den »Sommernachtstraum« von Shakespeare auf einer feuchten Wiese inszeniert hatte. Was für ein Theater für die kulturell nicht gerade verwöhnte Landbevölkerung! Alle waren begeistert und planten weitere Stücke, aber bitte auf einer besseren Bühne. Rowena Cade begann nun eigenhändig, das Minack Theater zu bauen, geholfen hat ihr anfangs nur ihr Gärtner. Steine wurden geschleppt, Platz für die Bühne geschaffen, Terrassen geschnitten und Zementsitze in die Felsen »geklebt«. In die Rückenlehnen der Sitze wurden nach und nach die Premierentermine der einzelnen Stücke eingraviert. Heute gibt es nur noch wenige ohne Verzierung.

Im Sommer 1932 war es endlich so weit: Vor ausverkauftem Haus ohne Dach wurde »Der Sturm«, wieder Shakespeare, gespielt. Fischer, Bauern, Grubenarbeiter schauten vorbei und ein paar Jahre später auch ein Theaterkritiker der »Times« aus London. »Only the English have mastered the art of being truly uncomfortable while facing up to culture«, lautete sein Resümee. »Nur die Engländer haben die Kunst entwickelt, Kultur wirklich unbequem zu genießen.« Der Mann wiederum hatte die Kunst entwickelt, mit Sprache umzugehen. Nach dem langen Bericht zog das Minack nun auch sein Publikum aus anderen Regionen Englands. Bei Kriegsausbruch legte die Army unbewusst den Grundstein für die heutigen Tickethäuschen. Von hier wurde Tag und Nacht der Himmel auf deutsche Besucher hin kontrolliert, auf die man damals wirklich gerne verzichtet hätte. Erst einige Jahre nach dem Krieg übernahm Rowena wieder das Kommando. Es wurde renoviert und ausgebaut, später kam auch Licht- und Tontechnik dazu. 1952 das Revival: wieder »Der Sturm«, wie schon 20 Jahre zuvor bei der Eröffnung.

Oben, bei den Parkplätzen, ist ein kleines Museum eingerichtet, mit entsprechend skurrilen Fotos, die erahnen lassen, wie viel Herzblut die Dame in die Verwirklichung ihres Lebenswerks hat fließen lassen. Gespielt wird ein abwechslungsreiches Programm von Mai bis September, natürlich auch viel Shakespeare und solange das Wetter es zulässt. Da das englische Open-Air-Publikum relativ wetterresistent ist, müssen im Schnitt nur drei bis vier Veranstaltungen von insgesamt rund 100 vorzeitig abgebrochen werden. Kommt der Herbst, ist es hier oben auf den Cliffs wieder ruhig, aber trotzdem schön. Ein Besuch lohnt sich immer, das Minack hat das ganze Jahr über geöffnet.

Zeit für das Minack Theatre & Umgebung

Anreise und Verbindungen

Auto: Von Dover sind die 600 km nach Porthcurno in ca. 7,5 h machbar, die Weiterreise aus dem Raum Torquay dauert ca. 3,5 h.
Bus: Die Linien 1 bzw. 1A verbinden Penzance über Treen und Porthcurno mit Land's End.
Beste Reisezeit: ganzjährig.

Sehen und Erleben

Logan Rock – der berühmte 65-Tonnen-Fels. Die Anfahrt erfolgt über das Dorf Treen.
Botallack Mine – nördlich von St. Just. Botallack war bis 1850 der größte Kupferproduzent der Welt. 50 000 Bergleute fanden in den kornischen Gruben Arbeit. Die Schlote werden gerne als »Leuchttürme der Industriellen Revolution« bezeichnet.

5

Küstenstraße – von St. Just nach St. Ives. Mit dem eigenen Fahrzeug bei schönem Wetter ab ca. Mai ist die Fahrt ein Erlebnis. Gelber Ginster, grüne Sträucher, blauer Himmel, gelber Sand und viele Kurven. Zwischendurch Ruinen mit Parkplatz zum Beine vertreten.

Unterkunft

The Commercial Hotel – günstig bis mittlere Preisklasse. Ein einfaches, aber ordentliches Hotel. Gäste sind oft Wanderer, die für eine Nacht vom South West Coast Path kommen. Im Sommer kann man schön draußen im Biergarten sitzen. Ein guter Stützpunkt für alle, die am nächsten Morgen weiter die Umgebung erkunden möchten. Hier gibt es auch ein Restaurant für jedermann. Market Sqare, St. Just-in-Penwith, TR19 7HE, Tel. +44 17 36 78 84 55, www.commercial-hotel.co.uk

Restaurants

Logan Rock Inn – Mahlzeiten für 7–16 £. Eine typische, alte, englische Kneipe. Viel Holz, gemütlich. Treen, St-Levan, TR19 6LG, Tel. +44 17 36 81 04 95, www.theloganrock.co.uk

Informationen

The Minack Theatre: Porthcurno, Penzance, Cornwall, TR19 6JU, Tel. +44 17 36 81 01 81, www.minack.com, Tickets 11.50/9/6 £

1 The Commercial Hotel am Market Sqare, St. Just. **2** Einfache Zimmer, die oft von Wanderern für eine Nacht gebucht werden. **3** Im Restaurant fühlt man sich wie im Garten. **4** Abendlicher Treff im »Commercial Hotel« ist die große Bar mit Billard. **5** Herzlicher Service: auch bei Hochbetrieb immer ein Lächeln.

1

2

3

4

Endstation. Nächster Halt: Amerika

Land's End und Cape Cornwall – die westlichsten Punkte

Lange Zeit glaubte man, in St. Just am Cape Cornwall liege Englands westlichster Punkt. Exakte Messungen ergaben aber, dass das englische Land erst ein wenig weiter südlich endet. Bekanntlich gibt es mit John O'Groats noch ein zweites Land's End in Großbritannien, ganz im Norden. Nur endet dort dann Schottland.

Meist wird von Land's End, St. Ives oder St. Michael's Mount gesprochen. Offiziell dagegen heißt die Region Penwith-Halbinsel, womit auch schon erkennbar wird, worauf ein Besuch hinausläuft. Die Bezeichnung setzt sich aus den beiden kornischen Wörtern *penn* (»Landspitze«) und *wydh* (»Ende«) zusammen. In der ziemlich einsamen, flachen Heidelandschaft haben schon Menschen gesiedelt, bevor in Stonehenge jemand auf die Idee gekommen ist, schwere Steine mitten auf die Wiese zu stellen. Laut einer Redensart wachsen in Cornwall »nicht genug Bäume, um einen Sarg daraus zu machen«. Für die Penwith-Halbinsel trifft dies zu und deshalb genießt man hier eine gute Aussicht, beispielsweise aus den Open-Top-Doppeldeckerbussen. Sie fahren zwischen Mai und Oktober. Es geht nicht auf dem schnellsten Weg von Penzance nach St. Ives, sondern die Busse laden zu einer Art Penwith-Rundfahrt ein.
»Land's End ist am Ende« ist auch so eine Redensart in England. Ihren Ursprung hat sie in der Privatisierung des Fleckens. Der National Trust wollte diesen Landzipfel in den 1980er-Jahren, zu Zeiten der neoliberalen Margaret Thatcher, unter seine Fittiche nehmen, hat aber damals nicht genug geboten, also ging der Zuschlag an einen Privatunternehmer, der seinen neuen Landbesitz stark kommerzialisierte. Das Land's End Hotel ist ganz in Ordnung, den Freizeitpark muss man wohl oder übel in Kauf nehmen, weil es schwierig ist, andernorts einen Parkplatz zu finden und an der Zufahrt bereits der Eintritt kassiert wird. Dafür kann man dann auch den früher kostenlosen Sonnenuntergang an den Steilklippen genießen. Der Fun-Park umfasst ein Labyrinth, ein 4-D-Kino, Seenotrettungskreuzer und einige Souvenirshops. Wer sich Land's End auf der Straße nähert, sieht die weißen Gebäude des Freizeitparks schon von Weitem. Der Besucher wird empfangen, als erwarte ihn hier etwas ganz Besonderes. Das ist ein Trick, hier ist gar nichts, hier ist Ende. Eine tolle Cliff-Landschaft, viel Wasser und dann Amerika. Auf dem berühmten

1 In Land's End lässt man sich fotografieren – oder auch nicht. **2** Die »Mülheim« – bei Land's End 2003 vor die Wand gefahren **3** Skurril: klassische Musik vorm Supermarkt im Regen. **4** Cape Cornwall, etwas nördlich von Land's End gelegen.

1 Das »Land's End Hotel«. **2** Auch hier ist die Aussicht alles. **3** Gemessen an der Lage sind die Zimmer bezahlbar. **4** Die Bar im »Land's End Hotel« ist das Ziel, wenn man noch an den stürmischen Klippen spazieren war. **5** Klingender Zimmername im »Land's End Hotel«.

Wegweiser mit Entfernungsangaben steht, dass es nach New York gut 5000 Kilometer sind und zum anderen Ende des Landes, nach John O'Groats in Schottland, 1400 Kilometer. Sicher ein toller Pilgerweg, den manche zu Fuß oder auch mit dem Rad machen. So weit braucht man aber gar nicht zu gehen, um endlich mal seine Ruhe zu haben. Wer dem »South West Coast Path« vom Fun-Park aus 10 Minuten nach Süden folgt, steht, je nach Jahres- und Tageszeit, ganz alleine an den Felsklippen, die hier einen grandiosen Vordergrund für Fotos bieten. Unten im Wasser branden die Wellen gegen den Felsbogen Enys Dodnan – weiße Gischt, grünes Meer. Noch einmal drei Minuten weiter südlich erreicht der Cliff-Wanderer Pordenack Point. Von hier erstreckt sich die Küstenlinie in ganzen Serien spektakulärer Granitformationen nach Südosten, als hätten Riesen mit adäquaten Steinchen gespielt. Bei Sonnenuntergang eine wirklich romantische Stelle à la Rosamunde Pilcher – Flasche Rotwein und Gläser nicht vergessen!

Weiter draußen, direkt vor den Gebäuden von Land's End, scheinen die Rückenbuckel eines Seeungeheuers, einer Nessie, an der Oberfläche hervorzuragen. Bei dieser felsigen Nessie handelt es sich um die Longship-Klippen. Oben weist ein Leuchtturm Skippern den Weg. Auch dieses Gebiet ein Schiffsfriedhof. Man braucht vom Fun-Park aus nur 10 Minuten dem Trampelpfad nach Norden zu folgen und entdeckt dann links unten in der Tiefe zwischen den Steinen die Metallreste der »Mülheim« aus einer Reederei in Duisburg. Es kursieren sehr unterschiedliche Versionen bzw. Gerüchte zum Katastrophenhergang. Halten wir einfach mal fest: Die »Mülheim« war ein relativ großes Schiff, das voll vor die Wand gefahren ist. Dem Pfad weiter nach Norden folgend, erreicht man nach 6 Kilometern das Cape Cornwall. Die sehr schöne Wanderung führt vorbei an »Dr. Syntax Head«, der »Irish Lady« und der Whitesand Bay, mit vielen atemberaubenden Blicken in die Tiefe.

Am Cape Cornwall sollte man sich an die Warnschilder halten und den Weg keinesfalls verlassen oder einfach zwischen den Büschen umherstapfen. Es droht Gefahr, in »kornische Gletscherspalten« einzubrechen. Der Bergbau hat – auf der Suche nach Zinn und Kupfer – den Boden seinerzeit durchlöchert wie Schweizer Käse.

Zeit für Land's End & Cape Cornwall

Anreise und Verbindungen

Auto: Von Dover sind die knapp 600 km nach Land's End in 7–8 h machbar, die Weiterreise z. B. von Torquay dauert ca. 3,5 h.
Bus: Nehmen Sie den Open-Top-Bus 300, um zwischen Penzance und St. Ives zu verkehren.
Beste Reisezeit: ganzjährig.

Sehen und Erleben

Geevor Tin Mine – nördlich von St. Just. Wie im deutschen Ruhrgebiet hat man aus der 1990 geschlossenen Zinnmine ein spannendes Museum gemacht. Pendeen, Penzance, Tel. +44 17 36 78 86 62, März–Okt. So–Fr 9–17 Uhr, Nov.–Feb. Do–Fr 9–16 Uhr, www.geevor.com

Cape Cornwall – ein schönes Wanderrevier mit Blick in die Tiefe und auf den langgezogenen Finger, den man früher irrtümlich für den westlichsten Punkt in Großbritannien hielt. Wo Warnschilder stehen, nicht den Weg verlassen. Einsturzgefahr! Der Untergrund ist von Stollen durchzogen. www.nationaltrust.org.uk/st-just-and-cape-cornwall

5

Sennen Cove – jeden Tag ein neuer Strand. Dieser ist der schönste Sandstrand bei Land's End. Das Dorf Sennen muss man nicht unbedingt gesehen haben. www.nationaltrust.org.uk/st-just-and-cape-cornwall

Unterkunft

Land's End Hotel – günstig bis mittlere Preisklasse. Das Hotel lebt von der Lage und der Aussicht. Die Zimmer sind in Ordnung, wenn auch nicht besonders groß. Die Inneneinrichtung von Bar und Restaurant ist modern und funktional. Der richtige Platz, um bis in die Dunkelheit an den Klippen zu stehen und sich dann auf ein wärmendes Getränk hinter die großen Fensterfronten zurückzuziehen. Land's End, Cornwall, TR19 7AA, Tel. +44 1 73 68 71 88 44, www.landsendhotel.co.uk

Restaurants

The Beach – Mahlzeiten für 8–15 £. Es gibt auch Pizza. Wird seit 1950 von derselben Familie geführt, aber mit frischem Schwung. Das Nonplusultra ist der Blick vom Tisch auf die Bucht. Sennen Cove, Tel. +44 17 36 87 11 91, www.thebeachrestaurant.com

Gurnard's Head – Die Besitzer sind dieselben wie vom »Old Coastguard« in Mousehole. Bürgerliche Küche auf ganz hohem Niveau und deshalb auch oft ausgezeichnet. Gegrilltes, Fleisch, Fisch, Geflügel sowie pfiffige Eintöpfe in wirklich großzügigen Portionen. Zennor , St. Ives, Tel. +44 17 36 79 69 28, www.gurnardshead.co.uk

Informationen

Tourist Information: Land's End, Sennen, Cornwall, TR19 7AA, Tel. +44 87 17 20 00 44, www.landsend-landmark.co.uk

1

2

3

4

Künstlerdorf mit Strandleben

St. Ives – Seafood, Pasties und magisches Licht

St. Ives ist zum touristischen Wimbledon Cornwalls geworden und es kommen von Jahr zu Jahr mehr Besucher. In der Hochsaison ist hier jede Menge los, gemütlich durch den Hafen bummeln kann man erst wieder ab Oktober. Von hier bieten sich Tagestouren ins West Country an.

St. Ives ist genau der richtige Ort, um sich für eine Woche eine schöne Ferienwohnung zu mieten, idealerweise in der Vor- oder Nachsaison, wenn das Angebot größer und die Preise kleiner sind. Wer von Juni bis September mit dem eigenen Auto vor 9 Uhr morgens in die Stadt kommt, findet vielleicht noch nah am Ortszentrum einen Parkplatz. Von 9 bis 16 Uhr ist das Zentrum für den Autoverkehr gesperrt. Gegen 10.30 Uhr füllt sich auch der große Parkplatz oberhalb der Stadt am ausgeschilderten Schwimmbad, dem »Leisure Centre«. Hier halten auch Reisebusse, viele mit deutschem Kennzeichen. Die Besucherwellen strömen durch die engen Gassen zu den Flanierstrecken rund um das Hafenbecken. Wohlgemerkt nur in der Hochsaison, im November vermisst man schon wieder ein wenig Leben auf den Straßen. Aber selbst wenn St. Ives überlaufen ist wie ein Jahrmarkt, hat es zum Glück immer noch etwas von einer authentischen Stadt.
Vom Porthmeor Beach blicken Besucher im Sommer direkt in den Sonnenuntergang. Dieser erste von drei Stränden, die St. Ives zu bieten hat, ist bei Surfern und Schwimmern gleichermaßen beliebt, weil die Wellen vom Atlantik ungeschützt auf den Sand rollen. Schwimmer sollten schön vorsichtig sein und sich wirklich nur in den Bereichen aufhalten, die die Bademeister alle 20 bis 30 Minuten neu markieren. Der Grund sind Strömungen vor dem Strand, die sich im Verlauf von Ebbe und Flut ändern.
St. Ives zählt heute um die 11 000 Einwohner. Bis Ende des 19. Jahrhunderts war es ein Fischerdorf, allerdings einer der bedeutendsten Sardinenhäfen im wilden Westen des Landes. Wo heute Kaffee und Eis verkauft wird, soll es damals dermaßen nach Fisch gestunken haben, dass selbst die Kirchturmuhr hin und wieder stehen blieb. Na, ob das wohl stimmt? Es scheint die ersten Sommerfrischler in St. Ives jedenfalls nicht so sehr gestört zu haben. Sie kamen im nächsten Jahr wieder und brachten ihre Freunde und Verwandten mit. Dann blieben die *Pil-*

1 Der Hafen von St. Ives »by night«. **2** Leckeres Essen findet sich überall in England. **3** Nach 18 Uhr werden die Strände mit Metalldetektoren abgesucht. **4** Blick über die Künstlerkolonie St. Ives mit dem rechteckigen Hafenbecken vom Parkplatz am Leisure Centre aus.

1 Durch das »griechische Licht« ist es in St. Ives heller als in anderen Städten der Umgebung. **2** Das »Sloop Inn« stammt aus dem 14. Jahrhundert. **3** Eric Ward, ein einheimischer Maler, bei der Arbeit. **4** Die »Tate Gallery« innen.

chards-Schwärme aus, der Fischgestank am Hafen wurde von Jahr zu Jahr weniger und das Schnaufen der Dampflokomotiven nahm zu. Die Eisenbahn brachte der Stadt die nötigen Einnahmen, denn nun fanden noch mehr Gäste den Weg nach St. Ives. Gefischt wurde weiterhin, allerdings kam es dabei fortan auf Klasse an und nicht mehr auf Masse. Der Fernsehkoch Rick Stein sensibilisierte die Geschmacksnerven der Nation für viele weitere, leckere Tierchen, die außer Sardinen im Meer herumschwimmen und essbar sind. Er leistete viel Aufklärungsarbeit, wusste man bis Anfang der 1980er-Jahre in England über Fisch doch fast nur, dass man ihn mit *Chips* »würzen« muss, bevor man ihn in den Magen schickt. Schon vor zehn Jahren war das angeblich so schlechte Essen in England nur noch ein Klischee, mit dem kokettiert wurde, der Erfolg der Gourmettempel ist Indiz. Auch in St. Ives gibt es unten am Hafenbecken mehrere hervorragende Seafood-Restaurants, deren Fisch absolut fangfrisch sein kann, weil im Hafenbecken Netzkonstruktionen versenkt wurden, in denen die Meeresbewohner bis wenige Minuten vor ihrer Präsentation auf dem Teller in ihrem Element bleiben. Nun kann und will sich ja nicht jeder Besucher feinen, teuren Fisch leisten, aber die entsprechende Klientel für exklusivere Restaurants kam spätestens 1993 mit Eröffnung der »Tate Gallery« oberhalb des Porthmeor Beach nach St. Ives.

Die Kombination von Kunst und Meeresfrüchten hat an der Erfolgsgeschichte von St. Ives einen großen Anteil. Angefangen hat alles mit den Malern, und zwar gleich mit einem Paukenschlag. 1811 malte der große Landschaftsmaler William Turner ein Panorama der Bucht. Bekannt für seine farbintensiven Stimmungen und starken Kontraste hat Turner zeitgenössische und ganze Generationen späterer Maler und wahrscheinlich auch Fotografen beeinflusst. Speziell die englischen Landschaftsfotografen setzen Farbfilter auffallend intensiv ein und nicht selten wirken ihre Fotos dann ebenfalls wie Gemälde. William Turner war damals mehrere Monate lang in Südwest-England unterwegs. St. Ives und Umgebung inspirierten und motivierten ihn

3

4

ganz besonders. Klippen, Strände, Schiffe und vor allem das Licht zogen ihn in den Bann.

St. Ives ist berühmt für sein »griechisches Licht«. Dank der starken Reflexion durch die großen Wasserflächen rund um den Ort ist es messbar heller als anderswo. Das sprach sich herum in Europa. Die keltische Küste mit ihrem mediterranen Flair zog mehr und mehr Maler an. Viele wollten zunächst nach Newlyn, um Schiffe, Meer und Fischer bei der Arbeit zu malen. Newlyn ist bis heute der größte Fischereihafen in der Region, die Kähne fahren von hier bis nach Übersee. Erst als die Künstler so zahlreich in Newlyn eintrafen, dass sie kaum mehr Platz fanden, ihre Staffelei aufzustellen, wichen die ersten nach St. Ives aus. Hier fanden sie auch billigere Unterkünfte und einige nutzen die Chance, den Winter in wärmeren Gefilden zu verbringen.

Lang, lang ist's her. Ab Ende des 19. Jahrhunderts wurde der sogenannte *Show Day* veranstaltet. Die Künstler präsentierten sich einmal im Jahr der Öffentlichkeit, was im ganzen Land beworben wurde, sodass die Eisenbahngesellschaft sogar Sonderzüge einsetzen musste. Alles Werbung für St. Ives, natürlich. Ab 1920 töpferte der in Hongkong geborene und in Japan ausge-

1

2

3

bildete Bernhard Leach gemeinsam mit seinem japanischen Freund und Kollegen Shoji Hamada in einer gemeinsamen Werkstatt. Bis Leach hier fast am Ende der Welt zum Töpferguru aufstieg, muss er phasenweise am Rand von Armut und Isolation gelebt haben. Die Diskrepanz war einfach zu groß in diesen Jahren: Eine fest verwurzelte Fischergesellschaft traf auf Zugezogene mit dem Intellekt akademisch ausgebildeter Künstler. Berührungsängste gab es auf beiden Seiten.

Zu den weiteren Künstlern, die St. Ives zu ihrer Heimat machten, gehörten der Maler Ben Nicholson und seine Frau, die berühmte Bildhauerin Barbara Hepworth aus London. Bevor im Zweiten Weltkrieg Bomben auf die Hauptstadt fielen, flüchteten sie mit ihren Drillingen in die Provinz. Nun war man mit mehreren einsam in St. Ives. Bindeglied zwischen den Gruppierungen wurde Alfred Wallis (1855–1942), ein Fischer, Knochenhändler und Eisverkäufer, dem mit 70 Jahren die Frau starb. Er begann daraufhin zu malen, ohne Ehrgeiz, ohne Ausbildung, einfach so mit Schiffslack auf Holz. Sehr reduziert und klar. Die Verkopften waren beeindruckt und suchten den Draht zu ihm, der wiederum in der Dorfgemeinschaft fest verdrahtet war. Der Kontakt zu den weltberühmten Kollegen half ihm nicht viel. Heute werden seine Bilder zwar in der »Tate Gallery« ausgestellt, doch er selbst starb im Armenhaus.

In St. Ives gibt es noch heute etliche Galerien und Maler, aber es hat sich wohl nichts an der Aussage des deutschen Malers und Schriftstellers Wolfgang Hildesheimer geändert, der Anfang der 1970er-Jahre in seinem Buch »Zeiten in Cornwall« kommentierte, die Künstler in St. Ives seien »Vertreter der verhältnismäßig engen Skala vom Zweitrangigem bis zum Unsäglichem«. Nur wenige haben einen solch spannenden Werdegang vorzuweisen wie Eric Ward, ein St. Iver Eigengewächs mit einer Vita, die es mit der eines Alfred Wallis aufnehmen kann.

Wir sitzen oben auf der Landspitze The Island bei der kleinen Kapelle St. Nicholas, von wo man ganz hervorragend sowohl den Hafen, den Porthgwidden Beach gleich unterhalb, als auch den weiter südlich in der St. Ives Bay gelegenen Porthminster Beach sieht. Weil die Bucht etwas geschützt ist, wird dieser Sandstrand besonders gerne von Familien aufgesucht. Eric malt naiv auf Holz und erzählt nebenbei von sich und St. Ives. Er hat ebenfalls in jungen Jahren sein täglich Brot mit gefangenen Fischen verdient,

1 Im Hafen von St. Ives. **2** Der Porthmeor Beach unterhalb der »Tate Gallery«. **3** Familienausflug zum Godrevy-Leuchtturm. Rund um St. Ives gibt es eine Reihe beliebter Badestrände. **4** Der Porthmeor Beach in St. Ives ist ein Treff für »Schatzsucher«.

wurde dann später zusätzlich Rettungsbootfahrer und schließlich Hafenmeister in St. Ives. Zum Malen kam er, als er auf ein Rettungsboot nach Clovelly in Nord-Devon versetzt wurde. Es war dort einfach so langweilig …

Im Gegensatz zu Alfred Wallis hat Eric, einmal Blut geleckt, als er nach St. Ives zurückkam, eine richtige Malschule besucht. Seit Jahren hat er echten Erfolg, was sich auch in klingender Münze auszahlt. Kurioserweise begann Eric erst im Rentenalter mit der Leidenschaft des Geldverdienens, der er im Leben am liebsten eigentlich schon immer nachgegangen wäre. Ein Haus von dem Verdienten in St. Ives zu kaufen, wäre in der heutigen Zeit absolut unmöglich, dazu kann auch Malcolm, der Besitzer des Blue Hayes Hotel fünf Minuten oberhalb vom Porthminster Beach, seine ganz persönliche Geschichte beitragen. Malcolm war jahrelang der Eigner und Geschäftsführer einer sehr erfolgreichen IT-Firma in Südengland. Als er sich dem Rentenalter näherte, beschloss er die Firma zu verkaufen, um es sich in St. Ives in einem schönen Haus in toller Lage gut gehen zu lassen. Leider gab es im Jahre 2000 aber kein privates Wohnhaus zu kaufen,

1 Das »Blue Hayes Hotel« ist eine wahre Wohlfühloase. **2** Die »Godrevy Suite« ist eine von sechs Suiten dieses gehobenen Hauses. **3** Von der Terrasse aus kann man auf St. Ives blicken. **4** Hier wird Wert auf Komfort und zufriedene Gäste gelegt: die »Master Suite« im »Blue Hayes«.

lediglich das Gebäude in dem sich jetzt das »Blue Hayes« befindet. Es war damals auch schon ein Hotel mit zehn Zimmern und durfte nur nutzungsgebunden verkauft werden. Malcolm blieb nichts anderes übrig: Er kaufte das Haus, reduzierte es auf nur sechs sehr komfortable Suiten, stellte neun Mitarbeiter ein - mehr Personal als Zimmer, das findet man nicht oft – und verbringt die Rente nun in der Funktion eines Hoteldirektors.
Auf dem Weg zurück passieren wir das »Sloop Inn«, unten an der Hafenstraße. In dem ältesten Pub in St. Ives stellen lokale Maler ihre Bilder aus. Als ich den Wirt anspreche, ob er mir vielleicht dabei helfen könne, ein paar Fotos von einem der kulinarischen Klassiker, nämlich *Cream Tea* zu machen, grinst er nur. »Klar, ich stell' dir was hin, aber eigentlich isst das von uns keiner mehr. Das haben wir nur noch für die Touristen auf der Karte.«
Sollte Frau »Rosamunde-Sonntagabend-Pilcher« das Englandbild der Deutschen etwa ein wenig verzerrt haben? Frau Pilcher stammt aus dem Dorf Lelant, drei Kilometer vor St. Ives, wo sie in ihrer Kindheit alle die Eindrücke gesammelt hat, die sie später zu ihren Büchern inspirierten. Sie selber wohnt schon lange in Schottland, aber ihr Sohn züchtet noch Rinder in der Gegend, was selbst vielen Einheimischen gar nicht bekannt ist.

Wenn es um kleine Zwischenmahlzeiten geht: aktuell, authentisch und vor allem lecker, sind das auf jeden Fall die *Pasties*. Von den sehr sättigenden Teigtaschen, wahlweise mit Fleisch oder Gemüseeinlage in vielen Variationen, ernährten sich vor 150 Jahren die Bergleute in den Gruben. Der harte, aufgewölbte Rand wurde früher weggeworfen, da er nur als Haltegriff konstruiert worden war. An den Fingern der Grubenarbeiter befand sich oft auch Arsen, das lieber nicht in den Mund gelangen sollte. An-geblich sind die *Pasties* der Grund, weshalb der Teufel nie nach Cornwall gekommen ist. Dem war nämlich zu Ohren gekommen, dass die kornischen Frauen so ziemlich alles in diese *Pasties* stecken.

Bei »Pengenna Pasties« in der High Street, nur ein paar Schritte vom Hafen entfernt, kann man beim Backen zuschauen und durch die große Fensterscheibe fotografieren. Der optimale Ort, seine frische Pasty zu verspeisen ist »um die Ecke«, an der »RNLI Lifeboat Station«. Das Tor zum Schuppen ist während der Saison meistens offen, das Rettungsboot auf einem Wagen zu sehen. Noch spannender wird es, wenn die Seebären in ihren orangefarbenen Overalls demonstrieren, wie schnell das Schiff im Notfall über die *Slipway* zu Wasser gelassen werden kann. Manche vergessen doch glatt, ihren *Pasty* weiterzukauen.

Zeit für St. Ives

Anreise und Verbindungen

Auto: Von Dover sind die 570 km nach St. Ives in 7–8 h machbar, die Weiterreise von z. B. Torquay dauert ca. 3 h.
Bus: Regelmäßige Verbindungen mit Penzance, Truro und Land's End.
Bahn: Von St. Erth kommt man nach Penzance und damit auf die Hauptstrecke nach London.
Beste Reisezeit: ganzjährig.

Sehen und Erleben

Tate St. Ives – die Galerie schlechthin in St. Ives, ein Entwurf der Londoner Architekten Eldred Evans & David Shalev. Das Ticket gilt auch für das Barbara Hepworth Museum. Gezeigt werden Wechselausstellungen und Werke von Künstlern, die St. Ives' Geschichte mitgestaltet haben. Porthmeor Beach, St. Ives, März–Okt. 10–17 Uhr, Nov.–Feb. Di–So 10–16 Uhr, Eintritt 6/4 £. Tel. +44 17 36 79 62 26, www.tate.org.uk/stives
Barbara Hepworth Museum – Das ehemalige Atelier der weltberühmten Bildhauerin wirkt unberührt seit ihrem Tode 1975. In dem kleinen Garten, selbst in Büschen versteckt, stehen einige ihrer Skulpturen. Barnon Hill, St. Ives, März–Okt. 10–17 Uhr, Nov.–Feb. Di–So 10–16 Uhr, Eintritt 6/4 £, Tel. +44 17 36 79 62 26, www.tate.org.uk/stives
Godrevy & Gwithian – zwei herrliche Strände an grün bewachsenen Dünen. Bei Ebbe werden sie zu einem langen Strand. Wandern, surfen, picknicken. Surfunterricht: Tel. +44 17 36 75 75 79, www.surfacademy.org.uk
Leach Pottery – In seinem Atelier entwickelte Bernhard Leach die britische Töpferkunst weiter. Er ließ sich von japanischen bzw. fernöstlichen Elementen inspirieren und sah seine Werke mehr als Gebrauchsgegenstände, weniger als Ausstellungsstücke. Higher Stennack, Mo–Sa 10–17 Uhr, So 11–16 Uhr, Tel. +44 17 36 79 97 03, www.leachpottery.com

Unterkunft

Blue Hayes Hotel – gehobene Preisklasse, aber etwas ganz Spezielles! Ein kleines, familiär-luxuriöses Hotel mit nur sechs Suiten. Die Zimmer sind modern und lichtdurchflutet mit mediterranem Ambiente. Tolle Ausblicke aufs Meer und St. Ives von den Balkonen. Jeden Winter wird das Hotel in einen Neuzustand versetzt! Man merkt, dass Malcolm, der Eigentümer, selber viel Spaß an seiner Beschäftigung hat. Trelyon Avenue, St. Ives, Tel. +44 17 36 79 71 29, www.bluehayes.co.uk

Restaurants

Alba – ein Spitzenlokal der Gourmetszene mit Seafood, ganz frisch aus den eigenen Reusen im Hafenbecken. Helles, modernes Interieur. Nur die Tische am Panoramafenster bieten Aussicht auf den Hafen. Reservierung empfohlen. Gerichte 12–24 £. Old Lifeboat House, Wharf Road, St. Ives, Tel. +44 17 36 79 72 22, www.thealbarestaurant.com
Blas Burgerworks – In St. Ives ist auch der Burger ein Kunstwerk, zumindest in diesem Restaurant. Burger 4–9 £. The Warren, St. Ives, Cornwall, Tel. +44 17 36 79 72 72, www.blasburgerworks.co.uk

Informationen

Tourist Office: Street-an-Pol, St. Ives, Tel. +44 17 36 79 62 97, www.stives-cornwall.co.uk

Abenteuer und relaxen mit Meerblick

Elf Strände rund um Newquay

Von St. Ives bis Padstow treffen Urlauber auf eine schöne Bucht nach der anderen. Die Krönung dieser Etappe bildet die Stadt Newquay mit gleich elf Stränden in unmittelbarer Umgebung. Ein Paradies für Wellenreiter in Cornwall und ganz England.

Nach ein paar Kilometern auf der A 30 Richtung Redruth kommt der Abzweig zum Godrevy Point inklusive Leuchtturm und zwei Stränden. Bei Ebbe gilt »aus zwei mach eins«, Godrevy und sein Nachbar Gwithian werden dann zu einer ganz langgezogenen Bucht. Der Leuchtturm soll Virginia Woolf, die als Kind mit den Eltern regelmäßig in St. Ives Urlaub machte, zu dem Roman »To the Lighthouse« inspiriert haben, für den sie das Leuchtfeuer mal eben nach Schottland auf die Isle of Skye versetzte.

Der Blick von den Anhöhen am Godrevy ist einmalig. Man sieht den kompletten Verlauf der Küste bis St. Ives, aber auch viele Seemeilen Richtung Newquay. Godrevy Point ist ein bei Einheimischen beliebtes Naherholungsgebiet und ein Picknickplatz. Das Land gehört dem National Trust, dementsprechend spart wieder derjenige Geld, der zuvor eine Jahresmitgliedschaft abgeschlossen hat.

Bis Newquay sind es mit dem Auto ca. 30 Minuten. Natürlich war auch dieser Ort früher ein Fischerdorf und natürlich hat er sich dann, nachdem die Sardinen eben nicht mehr in Schwärmen auftauchten, in einen weiteren Holiday-Hotspot verwandelt, und die Eisenbahnverbindung brachte die ersten Touristenströme. Südenglische Geschichte hat sich in Südengland ereignet. Wenn Fischerdörfer in Südengland liegen, ist die Wahrscheinlichkeit extrem hoch, dass sie Teil dieser Geschichte wurden. Trotzdem ist in Newquay manches anders. Hier tobte jahrelang vorwiegend das junge Publikum durch die Stadt und über die Strände, was sich im Augenblick gerade verändert.

In der Zeit nach dem sogenannten Jahrtausendwechsel war es noch höchst unangenehm, die »City by night« zu fotografieren. Permanent musste man darauf gefasst sein, von zugedröhnten Jugendlichen, meist in Gruppen, mehr oder weniger aggressiv »begrüßt« zu werden. Polizeipräsenz war gegeben. Im Vergleich zu Newquay werden allerdings in St. Ives oder Fowey heute noch um 19 Uhr die Bürgersteige hochgeklappt. Man darf schon sagen, dass Newquay lange Zeit hart an seinem Ruf gearbeitet hat, ein südenglischer »Ballermann« zu sein. Für Schüler, die ihren

1 Chyverton bei Zelah ist ein Garten, der gerade verloren geht. **2** Sitzbank an der Fistral Beach. **3** Neugierige Ponys auf dem Anwesen Chyverton. **4** Towan Beach mit The Island in Newquay.

1

2

Abschluss gemacht haben, war und ist es ein Ritus, in Klassenstärke zum Komasaufen nach Newquay zu fahren, das Surfbrett ist ebenfalls im Gepäck.
Im Juli 2009 setzte sich eine Bürgerbewegung bei den zuständigen Autoritäten dafür ein, das Benehmen der Jugendlichen endlich in vernünftige Bahnen zu lenken und Newquay damit ein besseres Image zu verschaffen. Was war passiert? Was eigentlich absehbar war, wenn man weiß, dass der Aufenthalt an steilen Klippen auch in nüchternem Zustand schon nicht ganz ungefährlich ist. Zwei Jugendliche stürzten in Newquay in den Tod, ein weiterer 20-Jähriger folgte 2012.
Diese Geschichten sollten niemanden, auch Familien mit kleineren Kindern nicht, davon abhalten, einen herrlichen Strandurlaub in Newquay zu machen. Dafür sind die elf Strände der Umgebung schließlich da. Top-Wasser und Top-Atmosphäre bietet der Fistral Beach. Selbst im Dezember und im Regen beobachtet man Fanatiker, die im Neoprenanzug mit dem Brett unterm Arm durch die Stadt marschieren, auf dem Weg zur Fistral Beach, um dort ihrer Leidenschaft nachzugehen. Die Wellenreiter lieben die

3

lange Dünung, das lange Auslaufen der hin und wieder ganz eindrucksvollen Wellen. Für Anfänger ist diese Bucht nicht wirklich geeignet, es sei denn, man macht es wie die Schwimmer in ihren bunten Neoprenanzügen und planscht mehr im flachen Wasser mit den Resten der Wellen.

Wunderbar ist der viel fotografierte Blick auf den Strand und die grüne Landzunge Towan Headland mit Hotel von der Esplanade Road, an der ebenfalls ein Hotel neben dem anderen steht. Man kann nachzählen, wie viele Rettungsschwimmer, in gelbem Shirt mit roter Hose, gerade am Strand im Einsatz sind. Übrigens hieß der Ort, damit ist der Ankerplatz für die Schiffe gemeint, noch im Mittelalter »Towan Blystra«, was aus dem Kornischen übersetzt soviel wie »angeblasene, sandige Hügel« bedeutet. Nur wurden die Schiffe, die dort sicher sein sollten, ebenfalls heftig vom Wind angeblasen, weshalb man Mitte des 15. Jahrhunderts entschied, eine neue Kaimauer, den »New Quay« zu bauen. Oberhalb des kleinen Hafens zeugt noch die »Huer's Hut« von den alten Zeiten. Darin saß ein Ausrufer, der die Fischer mittels Geschrei *(to hue)* darüber informierte, dass er auf dem Wasser Sardinen gesichtet hatte.

Richtung Osten schließen sich die Innenstadtstrände Towan, Great Western, Tolcarne und Lusty Glaze an. Am Lusty Glaze bietet ein »Adventure Centre« neben klassischen Wassersportarten auch das Gegenstück zum Canyoning in den Bergen: Coasteering. Dabei kraxelt man die Klippen hinauf, um anschließend im Neoprenanzug wieder herunterzuspringen. Einen ganz außergewöhnlichen Blickfang, für ganz England kann man schon sagen, bildet am Towan Beach das Haus auf dem im Wasser stehenden Fels »The Island«, der mit der »Feststadt Newquay« über eine Brücke verbunden ist. Oberhalb des Towan Beach reihen sich die Pubs und Cafés. Auch eine kleine Fußgängerzone gibt es mit sämtlichen Geschäften, die man in einer Kapitale der Outdoor-Aktivitäten so erwartet.

1 Die Watergate Bay östlich von Newquay ist ein beliebter und sehr breiter Badestrand. **2** Der berühmte Fistral Beach mit dem »Headland Hotel« im Hintergrund. **3** »The Central«, ein von Einheimischen und Gästen gern besuchtes Pub und Café in Newquay. **4** Oberhalb des Towan Beach liegt die Restaurantmeile. **5** Wellenreiter am Fistral Beach.

In der Hochsaison bietet es sich an, gleich Crantock, Holywell oder Perranporth zu besuchen, die etwas geringer bevölkerten Strände im Süden. Watergate Bay ist eine sehr langgezogene Bucht etwas nordöstlich, die aber nur dem Platz bietet, der gewillt ist, mit seiner Ausrüstung ein paar hundert Meter durch

1 Das »Scarlet Hotel« am Strand von Mawgan Porth. **2 und 3** Schöne Stoffe, viel Farbe und Kreativität im »Scarlet Hotel«: eine Atmosphäre wie gemacht für Zweisamkeit. **4** Entspannung, Wellness und viel Ruhe sind hier das Gebot. **5** Alle Zimmer sind groß, mit toller Aussicht und voller pfiffiger Einrichtungsideen.

den Sand zu stapfen. Besonders bekannt ist die Watergate Bay seit einigen Jahren, weil es dort ein Restaurant namens »Jamie Oliver's Fifteen« gibt, das regelmäßig dem Fernsehkoch Jamie Oliver zugesprochen wird. Oliver ist nicht der Besitzer, er ist ein mehr oder weniger ideeller Unterstützer und Ideengeber, dementsprechend ist die Küche italienisch ausgerichtet. Das »Fifteen« ist eine Wohltätigkeitsinitiative von Stadt und Land. In diesem sozialen Projekt bekommen jedes Jahr 15 sogenannte benachteiligte Jugendliche die Chance, ein Jahr lang das Kochen zu erlernen, um sich dann in der Gastronomie bewerben zu können. Jamie Oliver unterstützt dieses Projekt in erster Linie mit seinem Namen. Wer in dem Restaurant keinen Platz bekommt, weil es mal wieder ausgebucht ist, bekommt im »Fistral Blu« am Fistral Beach ebenfalls ein gutes Essen mit erstklassiger Aussicht für kleineres Geld.

Zeit für Newquay

Anreise und Verbindungen

Auto: Von Dover sind die 530 km nach Newquay in ca. 7 h machbar, die Weiterreise von z. B. Torquay dauert ca. 2,5 h.
Bus: Die Linie 556 verbindet Padstow sowie Dörfer der Umgebung mit Newquay, die Busse 585 und 586 fahren nach Truro.
Flugzeug: regelmäßige Flüge nach London Gatwick und City, Bristol und Edinburgh. Auch nach Scilly.
Beste Reisezeit: ganzjährig.

Sehen und Erleben

Watergate Bay Beach – 2 km langer, schöner Sandstrand mit Surfschulen und allem, was das Leben am Wasser ausmacht.
Trerice – Das Herrenhaus aus der elisabethanischen Zeit ist berühmt für seine kunstvolle Decke im Prunksaal. Zu entdecken gibt es z. B. auch sehr verschnörkelte Kamine und einen schönen Garten. Wird vom National Trust verwaltet. Kestle Mill, bei Newquay, Cornwall, Tel. +44 16 37 87 54 04, tgl. 10.30–17 Uhr, www.nationaltrust.org.uk/trerice
Blue Reef Aquarium – ein Unterwasser-Zoo, der am Towan Beach sogar Becken zum Anfassen der Tiere bietet. Towan Promenade, Newquay, Tel. +44 16 37 87 81 34, tgl. 10–17 Uhr (letzter Einlass), www.bluereefaquarium.co.uk/newquay

Unterkunft

The Scarlet Hotel – gehobene Preisklasse. Liegt ca. 8 km nordöstlich von Newquay, noch hinter dem Watergate Beach. Ein außergewöhnliches, als Gesamtkunstwerk designtes Hotel, über das nicht nur ganz Cornwall spricht. Moderne Möbel, sehr kreativ. Viel Platz für freistehende Badewannen und das Bett fast in Reichweite. Sämtliche Zimmer haben Strandblick. Ideal für ein Wochenende zu zweit. Sehr umweltfreundlich geplant. Tredragon Road, Mawgan Porth, Cornwall, Tel. +44 16 37 86 18 00, www.scarlethotel.co.uk
Headland Hotel – gehobene Preisklasse. Von Wasser umgeben und auf so ziemlich jedem Foto vom Fistral Beach im Hintergrund zu sehen. Eine Mischung aus altem und modernem Interieur, sehr gemütlich und entspannend. Viel Licht und Farbe. Fistral Beach, Newquay, Cornwall, Tel. +44 16 37 87 22 11, www.headlandhotel.co.uk

Restaurants

Fistral Blu – Mahlzeiten für 8–20 £. Ein gutes Seafood-Restaurant mit Meerblick. Mediterrane und kornische Küche direkt am Strand. Im Komplex befindet sich auch ein Fish & Chips-Lokal. Fistral Beach, Tel. +44 16 37 87 94 44, www.fistral-blu.co.uk
Jamie Oliver's Fifteen – Reservierung erforderlich. On the Beach, Watergate Bay, Cornwall, Tel. +44 16 37 86 10 00, www.fifteencornwall.co.uk
Café Irie – Mahlzeiten für 3–8 £. Ein typisches Surfer- und Studentencafé. Aus wenig viel gemacht, wirklich hübsch und entspannt. Schallplatten an den Wänden, bunte Stühle, Tische, ein Sofa und ein guter Blick aus der ersten Etage auf die Straße. 38 Fore Street, Newquay, Tel. +44 16 37 85 92 00.

Informationen

Newquay Tourist Office: 3a-5a Chester Court, Chester Road, Newquay, Cornwall, Tel. +44 16 37 85 40 20, www.newquay.co.uk

NORTH CORNWALL DISTRICT COUNCIL
DANGER
THE LEFT SIDE OF THIS BEACH
ESPECIALLY AT LOW WATER IS
DANGEROUS
DUE TO RIP CURRENTS
LIVES HAVE BEEN LOST BECAUSE PEOPLE HAVE IGNORED THIS ADVICE.
IN YOUR OWN INTEREST AND THAT OF YOUR
CHILDREN PLEASE DON'T IGNORE THIS WARNING
1

HELLO
Happy Birthday
Torsten-Bobert
2

3

4

Felsküste, Strandpausen und Seafood

An der Küste entlang nach Padstow

Wer von Newquay dem »South West Coast Path« oder der B3276 nach Padstow folgt, ist an der Küste unterwegs. Wer sich anschließend auf dem »Saint's Way« von Padstow nach Fowey aufmacht, ist immer noch in Küstennähe unterwegs, weil Cornwall in dem Bereich nur sehr schmal ist.

Der Motor ist seit der Abfahrt in Newquay noch gar nicht richtig warmgelaufen, da gilt es ihn auch schon wieder abzustellen. An den Bedruthan Steps kommt man zunächst zum Parkplatz des National Trust, der auch diesen wertvollen Küstenabschnitt instand hält. Einen Kilometer weiter folgt ein Parkplatz, der von einer lustigen Rentner-Gang organisiert wird. Die Truppe hat sich Hinweisschilder gemalt, die denen des Trust zum Verwechseln ähnlich sehen, mit dem Unterschied, dass sie sich National Rust, also Rost, nennen.
Vom Trust-Parkplatz – dem ersten – sind es etwa 10 Minuten zu Fuß, bis man den Blick auf die berühmten Felsen unten in der Bucht hat. Der Legende nach hat sie ein Riese namens Bedruthan in die Bucht gelegt, um schneller durch die Bucht laufen zu können. Die Geschichte sollen sich die Einheimischen gegen Ende des 19. Jahrhunderts ausgedacht haben. Man musste den ersten Sommerfrischlern doch eine Antwort auf ihre Frage nach den Felsen geben. Im Zweifel ist mit Bedruthan Steps einfach die Treppe gemeint, die von der Klippenkante auf den Strand hinunterführt. Im Winter ist der Zugang gesperrt – zu viele Hangrutsche. Auch ins Wasser zu gehen ist gefährlich, wegen der starken Wellen und Strömungen. Der schönste Anblick bietet sich bei Sonnenuntergang, wenn man oben am Klippenrand bis ans Ende der Bucht weitergeht und dann Richtung Parkplatz zurückschaut.
Aus den 15 Kilometern zwischen Newquay und Padstow können Strandfreunde ohne Anstrengung eine Wochentour machen. Westlich von Padstow, rund um den Trevose Head mit Leuchtturm, liegen die Seven Bays, sieben Strände, für jeden Tag ein anderer. Am Treyarnon, der auch nicht ungefährlich ist, gibt es ein Gezeitenschwimmbecken. Die schöne Jugendherberge ist auch für Familien sehr zu empfehlen. Ein Ausflug zum Leuchtturm bringt etwas Abwechslung, vor allem für den Fahrer des

1 Diese Warnschilder muss man ernst nehmen! **2** Wie alt wird er denn? **3** Leuchtturm am Trevose Head westlich von Padstow. **4** Die Bedruthan Steps sind schön, aber nicht ungefährlich.

1 Der Aufenthaltsraum im »Treann House« wirkt wie ein Wohnzimmer. **2** Mit Antiquitäten geschmackvoll eingerichtete Zimmer. **3** Alles ist familiär hier, auch der »Cream Tea« im »Treann House«.

Autos. Es geht über eine ziemlich miserable Schlaglochpiste, die sich auf Privatgelände befindet. Dementsprechend sollte man an der unübersehbaren Zahlstelle ein Ticket ziehen, ansonsten kann es passieren, dass das Auto auf dem Parkplatz am Leuchtturm mit einer Parkkralle verziert wird. Gerade im Herbst bläst hier der Wind heftig, also vorsichtig sein! Die Fernsicht reicht zurück bis Newquay und nach Nordosten bis zum Pentire Point. Nächstes Ziel ist Padstow, das Polperro des Nordens von Cornwall, von bösen Zungen auch »Padstein« genannt, denn Padstows unglaublicher Boom ist unmittelbar mit der Karriere des Fernsehkochs Rick Stein verbunden, der dem Ort zu Prominenz und rund zwei Dritteln der Einwohner zu Arbeitsplätzen verholfen hat. Rick Steins Leidenschaft galt von Anfang an Fisch und Meeresfrüchten. Und so nannte er das Restaurant, mit dem 1975 in Padstow alles begann, auch »Seafood«. Dass Fisch nur frisch ist, wenn er aus der unmittelbaren Umgebung kommt, machte Rick Stein zu seiner Strategie, was wiederum die lokalen Erzeuger stärkte. Sein Erfolg und der von Unternehmen, die in seinem Fahrwasser schwimmen konnten, war eine Kettenreaktion. Die Wucht, die diese Verknüpfung über Jahrzehnte entfaltete, konnte vermutlich niemand vorhersehen. Mittlerweile umfasst das Unternehmensportfolio des Fernseh- und Promikochs Stein alleine in Padstow Restaurants, Hotels, diverse Ferienwohnungen, eine Kochschule, ein Café und einen Souvenirshop ...
Er selbst verbringt er nur noch die Hälfte des Jahres in England, da er in Australien ebenfalls mindestens ein Restaurant betreibt. Es ist wie in Deutschland: Mitleid bekommt man geschenkt, Neid muss man sich erarbeiten. Mit dieser Erkenntnis im Hinterkopf wird Mr. Stein milde lächeln können, wenn Padstow mal wieder als »Padstein« herabgewürdigt wird. Der Name »Stein« wird übrigens so ausgesprochen, wie Hamburger ihn mit ihrem Zungenschlag aussprechen würden.
Einen Besuch wert ist in dem Zusammenhang auch die National Lobster Hatchery am South Quay. Dieses Projekt (www.nationallobsterhatchery.co.uk) hat es sich zur Aufgabe gemacht, den

Hummerbestand aufzufrischen, der nach der Überfischung und Verschmutzung des Wasser bis in die 1980er-Jahre stark zurückgegangen war. Man kann gegen eine kleine Gebühr auf der Homepage sogar einen Baby-Hummer adoptieren und bekommt dann viele Informationen über das Leben der Hummer und den Schutz der Meere zugesendet.

Besteht nach dem Schlemmen in einem der Restaurants in Padstow das Bedürfnis, sich ein wenig die Beine zu vertreten, wäre dies auch mit dem Fahrrad auf dem 30 Kilometer langen Camel Trail möglich. Sein Verlauf folgt ohne große Gefälle einer stillgelegten Eisenbahnstrecke über Wadebridge nach Bodmin und weiter nach Poley's Bridge im Bodmin Moor. Die Strecke ist sehr beliebt, laut Aussage des Camel Trail Management radeln hier pro Jahr ca. 350 000 Leute. Wer noch Kraft hat, könnte den Rückweg über das »St. Tropez von Cornwall« machen. Im kleinen Ort Rock, östlich der Mündung des River Camel, also gegenüber von Padstow, wohnen die »Seafood«-Kunden, die von Rick Stein vermutlich per Handschlag im Restaurant begrüßt würden. Das Ufer, die Daymer Bay, ist es wert, von Padstow mit der Fähre überzusetzen, um ein paar Stunden hier zu verweilen.

Zeit für Padstow

Anreise und Verbindungen

Auto: Von Dover sind die 520 km nach Padstow in ca. 7 h machbar, die Weiterreise von z. B. Torquay dauert ca. 2,5 h.
Bus: Die Linie 556 verbindet Padstow mit Newquay, Bus 555 fährt nach Bodmin.
Beste Reisezeit: ganzjährig.

Sehen und Erleben

Prideaux Place – äußerst prächtiges Herrenhaus, das schon oft bei Pilcher-Verfilmungen eine Rolle gespielt hat. Die Familie Prideaux-Brunes sollen Nachfahren von Wilhelm dem Eroberer ein. Der Ausschilderung folgen. Padstow, Tel. +44 18 40 53 24 11, April–Okt. So–Do 13.30–16 Uhr, www.prideauxplace.co.uk
Wandern auf dem Saint's Way – 45 km von Padstow nach Fowey. Karten und Beschreibungen gibt es im Buchhandel in beiden Orten. Der Weg ist wirklich gut markiert, Karte trotzdem mitnehmen. Gute erste Infos: www.visitcornwall.com
Der Camel Trail – sehr schöne, wenig anstrengende Fahrradtour über 30 km. Die ersten 8 km bis Wadebridge sind recht belebt, danach wird es ruhiger. Fahrräder verleiht u. a. Padstow Cycle Hire (South Quay, Tel. +44 18 41 53 35 33). Im Hochsommer besser gleich in Wadebridge anfangen (Bridge Bike Hire, Tel. +44 12 08 81 30 50).
Bootsausflüge – zu der berüchtigten Sandbank Doom Bar, zu diverse Stränden, der Daymer Bay und zu Inseln. Einen Überblick über das Angebot bietet die Homepage von Padstow Boat Trips: www.padstowboattrips.com

Unterkunft

The Treann House – kleines, aber feines B & B, günstig bis mittlere Preisklasse. Das Haus steht zwar nur wenige Minuten vom Hafen entfernt, der Blick reicht aber »nur« bis zum Meer. Die Räume sind groß, hell und geschmackvoll mit Antiquitäten eingerichtet. Nichts ist übertrieben, man fühlt sich wie zu Hause bei der Familie. Emma und Paul sind sehr freundliche Gastgeber. 24 Dennis Road, Padstow, Tel. +44 18 41 53 38 55, www.treannhousepadstow.co.uk

Restaurants

Paul Ainsworth at No. 6 – Seafood-Mahlzeiten für ca. 15 £, was preiswert ist bei der Qualität. Ainsworth ist ein sehr guter und bekannter Koch in England, der neben Fisch auch die klassischen Fleisch-und Geflügelgerichte mit viel Kreativität neu kombiniert. Frische zählt und das Angebot der Saison. 6 Middle Street, Padstow, Tel. +44 18 41 53 20 93, www.number6inpadstow.co.uk
Rick Stein's Café – Seafood-Mahlzeiten für ca. 15 £. Hier bekommt man eher einen Platz als im »Seafood Restaurant«. Dinner nur mit Reservierung. Middle Street, Tel. +44 18 41 53 27 00, www.rickstein.com

Informationen

Tourist Office: The Red Brick Building, North Quay, Padstow, Tel. +44 18 41 53 34 49, www.padstowlive.com

1

2

3

4

Einfach (Artus-) sagenhaft!

Tintagel und Boscastle

Was haben Tintagel und Touristenfalle gemeinsam? Der zweite Begriff ist möglicherweise erst nach einem Besuch dieses Dorfes entwickelt worden. Warum ein Besuch der König-Artus-Burg Tintagel mit einer Visite des Fischerdorfes Boscastle abgerundet werden sollte.

Nichts wird in Südwestengland mit einer solchen Inbrunst und Penetranz vermarktet wie die Sage von König Artus. Trotzdem lohnt der Besuch des Dorfes Tintagel mit der gleichnamigen Burg Tintagel Castle, die seit dem Mittelalter als Residenz von König Artus gilt. Bei gutem Wetter bieten sich viele schöne An- und Aussichten entlang der Küste. Vor allem vom Camelot-Hotel aus ist der Blick auf den Burgberg mit den Ruinen imposant. Eine echte Festung, die wahrscheinlich uneinnehmbar war, solange in dem Gemäuer genügend Lebensmittel lagerten! Heutige Besucher empfinden ihren Anblick als wild-romantisch, was in Ordnung ist, solange man nicht selbst unter den isolierten Bedingungen und wie im Mittelalter ohne Heizung, Strom und fließend Wasser hier existieren muss.

Der erste Eindruck: Das Beste an Tintagel ist die breite Straße durch das Dorf, durch die man auch schnell wieder herauskommt. Wer während der Saison reist, sollte es, wenn irgend möglich, vermeiden, ab 10 Uhr mit dem Strom der Massen zur Burg zu pilgern. Denn dann wird Tintagel zu einer Karikatur seiner selbst. König Artus höchstpersönlich verkauft Bücher (»Artus Bookshop«), Frühstück gibt's im »Lancelot-Café« und auf dem Rückweg »vergiftet« Merlin die Besucher (»Merlin Gift Shop«). Tintagel-Downtown wirkt auch deshalb so deprimierend, weil hier keine alten Häuser stehen. Die hat man um das Jahr 1900 herum vorsorglich abgerissen, weil das ehemalige Fischerdorf besser für den damals bereits angelaufenen Artus-Tourismus präpariert werden sollte. Eine Ausnahme gibt es: das alte Postgebäude, das extrem schief direkt an der Straße steht.

Zur wenig detaillierten Story: Angeblich wurde Artus von dem liebestollen König Utherpendragon und der schönen Igraine gezeugt und ungefähr im Jahr 500 auf Tintagel geboren. Möglich wäre das, denn das Wetter in dieser Region an der wilden Atlantikküste ist auf's Jahr gesehen oft sehr unangenehm. Nebel, Sturm, Regen und Kälte, ein Wetter zum Heldenzeugen ... Fakt

1 Charmant: das alte, windschiefe Postgebäude in Tintagel. **2** Hier steht Merlin herum und macht ein wichtiges Gesicht. **3** Die Ruinen von Tintagel Castle. **4** Boscastle an der Mündung der Flüsse Jordan,Valency und Paradise war einst eine Schmugglerhochburg.

1 Das »Camelot Castle Hotel« in Tintagel. Von dem Tisch hätten Lanzelot & Co. nur geträumt. **2** In dieser Suite hätte Artus genächtigt. **3** Zur Blauen Stunde geht es in die Bar des »Camelot Castle«.

soll wohl sein, dass es in dieser Zeit einen Soldaten oder sogar Armeeführer namens Artus gab, der nach dem Abzug der Römer die verbliebene britische Bevölkerung erfolgreich gegen eindringende Angelsachsen verteidigte. Zu diesen Angelsachsen gehörten auch Friesen und Franken, die Deutschen nervten also auch früher schon.

Zum ersten Mal erwähnt wurde ein König Artus in Britannien von einem Geschichtsschreiber im 8. Jahrhundert, aber nur von *einem* – andere kannten ihn nicht. Auch in der angelsächsischen Historie taucht kein Artus auf. Im 12. Jahrhundert hat dann ein Mönch namens Geoffrey of Monmouth beeindruckend detailliert über Artus berichtet, 600 Jahre nach seinem Tod. Dieser Geoffrey gilt als sehr fantasiebegabter Erzähler. Er nennt Tintagel die Geburtsstätte, was nicht zur Datierung der Steine durch Archäologen passt. Ein Großteil stammt aus dem 13. Jahrhundert, die ältesten Reste aus dem 7. und 8. Jahrhundert. Trotzdem hat die Geschichte von Geoffrey etwas ganz Reelles, denn das 12. Jahrhundert, *the dark ages*, war dunkelstes Mittelalter, in dem die Knechtschaft durch die Führungsschichten schlichtweg Hoffnungslosigkeit unter der Bevölkerung verbreitete.

Nun kommt ein Mönch daher und beschreibt mit der heroisch-edlen Figur des König Artus – auf Basis von Gerüchten und Sagen – ein leuchtendes Vorbild, an dem sich die Bevölkerung mit großer Glaubensstärke aufrichten konnte. Das war für damalige Verhältnisse ein ganz kreativer Schachzug, um eine hoffnungsvollere Stimmung unter den Menschen zu erzeugen. Wenn man genau hinschaut, wird man feststellen, dass die Herrschenden das Repertoire ihrer Trickkiste bis heute nicht wirklich erweitert haben. Erweitert und ausgeschmückt wurde vielmehr Artus' Geschichte von weiteren Autoren in den folgenden Jahrhunderten. Die Ritter der Tafelrunde kamen hinzu, die Suche nach dem Heiligen Gral. Das Schwert Excalibur bekam Artus mal von der Dame des Sees überreicht, in einer anderen Version ließ der Autor es ihn aus einem Stein ziehen. Hineingestoßen hatte es

wahlweise Merlin oder sein Erzeuger, unmittelbar bevor er starb. Für viele Details gibt es immer mindestens zwei Versionen und damit verbundene Orte in Cornwall bzw. Südengland, an denen es geschehen sein könnte. Dies hat den Vorteil, dass viele vom Artus-Kult profitieren können. Nach so viel Artus ist es ganz erholsam, sich den Kopf an der frischen Luft in Boscastle wieder freiblasen zu lassen. Einfach auf der rechten Seite am Hafen vorbeiwandern und hinten an der Öffnung zum Meer den Hang erklimmen. Ein herrlicher Ausblick auf ein kleines und idyllisch gelegenes Dorf! Bei der Ansicht, der versteckten Lage von Boscastle, gehört nicht viel Fantasie dazu sich auszumalen, dass das hier mal eine Schmugglerhochburg war. Der Hafen ist im 16. Jahrhundert gebaut worden. Das Tal alleine bietet schon relativ viel Schutz vor dem Meer, weil es sich förmlich um die Felsen herum ins Landesinnere windet. Gefahr droht Boscastle mehr aus dem Inland. Vor dem Ort fließen drei Flüsse zusammen. Je nach Stärke der Regenfälle kann dies sehr gefährlich werden, wie die extremen Verwüstungen der Sturzflut im August 2004 gezeigt haben.

Zeit für Tintagel & Boscastle

Anreise und Verbindungen

Auto: Von Dover sind die 500 km nach Tintagel in ca. 6 h machbar, die Weiterreise von z. B. Torquay dauert ca. 2 h.
Bus: Die Linie 594 verbindet Bude im Nordosten mit Boscastle und Tintagel.
Beste Reisezeit: April bis Oktober

Sehen und Erleben

Tintagel Castle – Der Sage nach ist hier König Artus geboren. Die Ruine liegt auf einer Halbinsel, Zugang vom Dorf Tintagel. Zu ihr führen steile Zu- und Abgänge, sie ist nur durch eine schmale Landzunge mit dem Festland verbunden. Castle Rd, Tintagel, Tel. +44 18 40 77 03 28, www.english-heritage.org.uk
Museum of Witchcraft – ein nettes kleines Museum am Hafen von Boscastle, das über den Hexenglauben informiert. Im Café gibt es Kaffee und Kuchen. The Harbour, Boscastle, Cornwall, Tel. +44 18 40 25 01 11, ganzjährig 10.30-18 Uhr, www.museumofwitchcraft.com
Port Isaac – liegt auf halber Strecke nach Padstow und natürlich am Wasser. Sehr kleines Fischerdorf mit engen Kopfsteinpflastergassen. Wird auch hin und wieder als Kulisse für Filme genutzt. Der Ort ist ähnlich eng wie Mousehole bei Penzance, deshalb auf dem Hauptparkplatz auf dem Hügel parken.

3

Unterkunft

Camelot Castle Hotel – mittlere bis gehobene Preisklasse. Das Hotel steht unübersehbar am Ende der Hauptstraße durch Tintagel auf einem eigenen Hügel. Beeindruckende, große Räume, wie sich das für ein Castle gehört. Tolle Atmosphäre in der Bar, wenn es draußen dunkel wird. Tintagel, Cornwall, England, Tel. +44 18 40 77 02 02, www.camelotcastle.com

Restaurants

Napoleon Inn – Mahlzeiten für 10–20 £. Cornish Ale vom Fass und traditionelle Pub-Küche, aber auch vegetarische Gerichte. Gleich am Ortseingang. High Street, Boscastle, Tel. +44 18 40 25 02 04, www.napoleoninn.co.uk
Tintagel Arms – Mahlzeiten für 6–15 £. Gemütliche Einrichtung mit viel Holz und Elementen aus der Ritterzeit. Vielfältige, englische Küche, auch mit vegetarischen Speisen. Fore Street, Tintagel, direkt an der Hauptstraße, auch B & B, Tel. +44 18 40 77 07 80, www.tintagelarmshotel.co.uk

Informationen

Visit Boscastle & Tintagel: The Harbour, Boscastle, Tel. +44 18 40 25 00 10, www.visitboscastleandtintagel.com
Visit Boscastle & Tintagel: Bossiney Road, Tintagel, Tel. +44 18 40 77 90 84, www.visitboscastleandtintagel.com

Urlaub als »Living History« Wiltshire & Somerset-Avon

Die Cheddar Gorge in den Mendip Hills ist eine Umwanderung wert.

1

2

3

4

Mythen, Menschenwerk und Naturkräfte

Glastonbury, die Kathedrale von Wells und Cheddar

Wie kann Glastonbury die sagenhafte Insel Avalon sein, wenn es dort überhaupt keine Wasserflächen gibt? Woher hat Wells seinen Namen und wieso darf sich ein so kleiner Ort Stadt nennen? Und was hat der Glaube mit dem Käse in Cheddar zu tun?

»Wer sich nicht an die Vergangenheit erinnern kann, ist dazu verdammt, sie zu wiederholen.« So lautet ein Zitat des amerikanischen Philosophen, Schriftstellers und Literaturkritikers George Santayana (1863–1952). Zumindest für einen Teilbereich der Gegenwart in Glastonbury scheint diese Aussage zu stimmen. Selbst in Deutschland wurde das katastrophale »Land unter in England« der Jahre 2013/2014 reichlich thematisiert. Wenige Zeitungsleser werden dabei an Avalon gedacht haben. Tatsächlich wird der markante Hügel von Glastonbury früher sicher wie eine Insel gewirkt haben, wenn nach zu viel Regen der Marschboden vom Hochwasser bedeckt war. Erst im 13. Jahrhundert legte man die Region für den Ackerbau trocken. Auch die drei Flüsse, die die Felder durchziehen, wurden regelmäßig von Ablagerungen frei geschaufelt, damit das Wasser schneller abfloss und die Dämme höhere Hindernisse darstellten.

Genau diese Maßnahmen, die über Jahrhunderte für viele Bauernfamilien der Region eine Existenzgrundlage gebildet haben, stellte man vor ca. 20 Jahren ein, weil die britische Regierung im Hochwasserschutz Geld sparen und Umweltschutzinitiativen die Lebensbedingungen von Tieren bewahren wollten. Michael Eavis, der rockmusikbegeisterte Bauer, der 1970 das »Glastonbury Festival« auf einer seiner Wiesen ins Leben rief, hat sich in Interviews über das fehlende Erinnerungsvermögen der zuständigen Verantwortlichen entsprechend kritisch geäußert. Immer wieder forderte er Verwaltung und Regierung auf, die Bagger endlich wieder anzuwerfen – bisher vergeblich.

Glastonbury war schon ganz früh ein Mythos. Ungefähr im Jahr 60 soll Joseph von Arimathäa, der Jesus vom Kreuz nahm und beerdigte, mit dem Kelch, in dem er das Blut des Heiland aufgefangen hatte – dem Heiligen Gral – in England gelandet sein. Den »Noch-nicht-Briten« sollte der christliche Glaube nahegelegt werden. Am Ende der langen Reise müsste der gute Mann mindestens 80 Jahre alt gewesen sein. Angesichts der damaligen

1 Der Vicars Close in Wells, die älteste Reihenhaussiedlung in Großbritannien. **2** Weißes Kalk-Pferd bei Devizes. **3** Cheddar-Käse, in der gleichnamigen Ortschaft. **4** In der Kathedrale von Wells. Blick vom östlichen Ende in Richtung Chor.

1 Die »Himmelsleiter« in den Kapitelsaal. **2** Wells, eine Kathedrale mit Dorf. **3** Der lange Weg durch den Kreuzgang steigert die Vorfreude auf die Kathedrale. **4** Die weltberühmten Scherenbögen der Kathedrale.

Gefahren, der schlechten Ernährung und medizinischen Versorgung ist dies relativ unwahrscheinlich ... Joseph, so heißt es, vergrub den Kelch am Fuß des Berges, der heute als Glastonbury Tor bekannt ist, und ließ die erste Kirche in England bauen, aus der sich später ein Kloster und dann eine Abtei entwickelte. Diese brannte 1184 komplett nieder, weshalb Geld für einen neue Kirche zu generieren war, was man am besten mit einem Wunder machte. Sieben Jahre nahmen sich die Marketingstrategen des Klerus Zeit, bis sie die Gebeine von König Artus mit Gattin Guinevere fanden – oh Wunder.
Die Stelle, an der ab 1278 das Grab des Paares in der fertig gebauten Abteikirche gewesen sein soll, ist markiert, denn heute ist von Glastonbury Abbey nur noch eine Ruine übrig. Wie beeindruckend sie gewesen sein muss, kann man sich vorstellen, wenn man die Kathedrale von Wells gesehen hat und nun hinzurechnet, dass die Kirche in Glastonbury noch 60 Meter länger

4

war. Geplündert und zerstört wurde sie von Heinrich VIII., Glastonbury war schließlich jahrhundertlang Abteikirche und äußerst gut besuchte Pilgerstätte. Da gab es reichlich zu holen. Gepilgert wird nach Glastonbury nach wie vor. Musikfans zieht es zu Bauer bzw. Festivalveranstalter Michael Eavis auf die Wiese und esoterisch orientierte »New Age Traveller« zu sinnstiftenden Veranstaltungen in die Stadt. Hier wimmelt es von bunten Geschäften mit Namen wie »Tor«, »Avalon«, »Witchcraft« oder »Chakra«, in denen Kristalle, Kräuter, Kosmisches und Komisches verkauft wird. Überhaupt nicht wunderlich im Vergleich zu Glastonbury präsentiert sich Wells, wenngleich auch hier der Glaube seit Jahrhunderten eine tragende Rolle spielt.
Wells ist eine Kathedrale mit Dorf, weshalb man dieses Dorf auch Stadt nennen muss. Nach englischem Recht gelten »drei Häuser«, neben denen eine Kathedrale gebaut wurde, als Stadt. Allerdings hat Wells bei rund 10 000 Einwohnern natürlich mehr Häuser, die zusammen mit der Kathedrale mal wieder eine echte Filmkulisse bieten. In dem völlig verschlafenen Nest weisen an etlichen Straßenecken extra aufgestellte, große Schilder darauf hin, der Besucher möge keine Mobiltelefone, Navigationsgeräte oder Ähnliches im Auto liegen lassen. Auch im Bereich um den Glastonbury Tor sind die Warnschilder so unübersehbar wie sonst nirgendwo in Südengland.
Trotz offensichtlicher Einbruchgefahr in Autos fügt sich der Ort mitsamt großer Kirche ganz harmonisch in die Landschaft ein. Benannt wurde Wells nach den Quellen, die im Garten des Bischofspalastes sprudeln. Das eigentliche Highlight des Ortes ist der Blick über den parkähnlichen Cathedral Close auf die Westfassade der Kathedrale, ganz besonders bei Sonnenuntergang. Ein Traum in Gold-Orange! Gebaut wurde hier ab 1180, die ersten 150 Jahre hindurch vermutlich nur mit den ganz »normalen« Herausforderungen, mit denen solche gigantischen Bauwerke in der damaligen Zeit Baumeister wie Arbeiter konfrontierten. Gegen 1335 musste eine ganz wichtige Notlösung für ein Problem gefunden werden. Es zeichnete sich nämlich bereits ab, dass der zentrale, quadratische Vierungsturm zu schwer geraten war. Er drohte einzustürzen, ein Fiasko! Um die stützenden Vierungspfeiler zu stabilisieren, wurden Spitzbögen an drei Stellen verbaut, mit dem optischen Effekt, dass nun die Spitze des oberen Bogens auf dem unteren Bogen zu stehen scheint. Für die Augen ergibt sich eine »8«, die berühmten Scherenbögen. Die Idee dieser improvisierten Hilfskonstruktion entpuppte sich als

1 »Beryl Country House« ist ein charmantes, neugotisches Herrenhaus. **2** Das B & B bietet sehr feudale Räume in familiärem Ambiente. **3** Nach der Ankunft gibt es erstmal eine Tasse Tee. **4** Sogar die Badezimmer sind besonders.

Meisterwerk, das sich definitiv harmonisch in die eigentlichen Planungen einfügt und zum international bekannten Wahrzeichen geworden ist.

Wer die Kathedrale betritt, dem fällt die Wucht dieser Konstruktion sofort ins Auge, eine atemberaubende Leistung der damaligen Baumeister! Etwas nördlich des Vierungsturmes ist eine unscheinbare Holztür in die Wand eingelassen. Wer sie aufdrückt, wird über eine Treppe in den Kapitelsaal geführt. Mindestens genauso spannend ist aber die Treppe selbst. Die rundgetretenen Stufen führen an hellgrauen Wänden vorbei, steil nach oben, wie eine echte Himmelsleiter!

Eine weitere Himmelsleiter können Besucher der Cheddar Gorge erklimmen. Der Baumeister dieser Klamm wird so eine Leiter sicher nie benutzt haben, war es doch der Sage nach der Teufel höchstpersönlich. Will man Wasserflüsse im Erdinneren, die im Verlauf von Jahrmillionen das Kalkgestein gelöst haben, als Teufelswerk bezeichnen, dann mag das richtig sein. Die heutigen Mendip Hills wurden von unten ausgehöhlt, das Gestein darüber sackte irgendwann nach und es entstand ein Graben. Während der Eiszeiten hat die Kraft des abfließenden Wassers dieses für Südengland wirklich einzigartige Naturphänomen moduliert.

Die Tropfsteinhöhlen wurden ab ca. 1900 zur Lagerung des berühmten Käses benutzt. Bekannt für die Region war der orange eingefärbte Cheddar allerdings schon Jahrhunderte zuvor und hergestellt wird er mittlerweile weltweit, aber auch immer noch in der Schlucht und zwar bei Cheddar Gorge Cheese & Co. direkt an der Hauptstraße. Im Sommer informieren sich hier massenweise Touristen über die Historie des Cheddar und schmunzeln über die Geschichten, die er schrieb.

Käse bedeutet in Cheddar Tourismus, aber wer Tourismus eher Käse findet, flüchtet besser in die Höhe, an den Rand der Schlucht und genießt von dort die Aussicht. Ein Weg dorthin führt über die Himmels- bzw. Jakobsleiter. Die Alternative, ohne Gebühr, ist der 15-minütige Aufstieg vom unteren linken Ausgang der Schlucht.

Zeit für Glastonbury, Wells & Cheddar Gorge

Anreise und Verbindungen

Auto: Von Dover sind die 320 km nach Wells in ca. 4 h machbar.
Bus: Die Linien 375 und 376 verbinden Wells mit Bristol, Bus 29 fährt nach Glastonbury und Bus 126 nach Cheddar.
Beste Reisezeit: ganzjährig.

Sehen und Erleben

Cheddar Gorge – eine Laune der Natur, wie es sie in Südengland nur einmal gibt. Im Sommer stellt der Besuch der Tropfsteinhöhlen eine Massenveranstaltung dar, aber die Wanderung oben am Rand der Schlucht lohnt sich. Hat man den Aufstieg erst hinter sich, ist sie auch nicht mehr beschwerlich. Die niedrige Temperatur in den Höhlen war früher optimal für die Lagerung des Käses, aber gar nicht optimal wegen der sich einstellenden Probleme mit Ratten, weshalb man das aufgab. Tel. +44 19 34 74 23 43, Juni–Sept. 10–17.30 Uhr, www.cheddargorge.co.uk
Kathedrale von Wells – wegen ihrer Westfassade mit den vielen Figuren und vor allem wegen der Scherenbögen in der Kirche weltberühmt. Wer Bath besucht, sollte diesen Abstecher unbedingt machen. Cathedral Green, Wells, Somerset, Tel. +44 17 49 67 44 83, April–Sept. tgl. 7–19, Okt.–März 7–18 Uhr, www.wellscathedral.org.uk
Glastonbury Tor – ein toller Ort für den Sonnenaufgang oder um in sternenklarer Nacht Fotos zu schießen. Der Turm ist der Rest einer Kirche, die zerstört wurde, als auch die Abbey von Heinrich VIII. geplündert wurde. Der letzte Abt, Richard Whiting, soll hier oben gehenkt und gevierteilt worden sein. Im Dorf parken und mit dem Bus hochfahren, www.glastonburytor.org.uk

Unterkunft

Beryl Country House – mittlere bis gehobene Preisklasse. Elegantes B & B in einem Herrenhaus von 1838 mit großem Garten und Pool. Nur wenige Minuten von der Kathedrale entfernt. Sehr familiäre und gediegene Atmosphäre. Hawkers Lane, Wells, Somerset, BA5 3JP, Tel. +44 17 49 67 87 38, www.beryl-wells.co.uk

Restaurants

Goodfellows – unten Bäckerei und Café, oben Seafood-Restaurant, meistens gut besucht. Edel und deshalb auch nicht ganz preiswert. Gerichte 10–25 £. 5 Sadler Street, Wells, Tel. +44 17 49 67 38 66, www.goodfellowswells.co.uk,
Who'd A Thought It Inn – ein charmantes Pub, wie es gut aufs Land passt. Mit alten Straßenschildern und roter Telefonzelle im Pub wird der Gast in die gute alte Zeit versetzt. Der Besitzer ist auch der Küchenchef. Man merkt es der Qualität des Essens und des Service an. Auch B & B. 17 Northload Street, Glastonbury, Tel. +44 14 58 83 44 60, www.whodathoughtit.co.uk

Informationen

Wells Visitor Information Service: Wells Museum & Cathedral Green, Wells, Somerset, Tel. +44 17 49 67 17 70, www.wellssomerset.com
Glastonbury Tourist Information Centre: 9 High Street, Glastonbury, Somerset, Tel. +44 14 58 83 29 54, www.glastonburytic.co.uk

1

2

3

4

Glauben und Gärten als Lebenselexier

Salisbury, Stonehenge und Stourhead

Wiltshire sei eine K.u.K-Grafschaft – Kalk und Käse –, sagen die Einheimischen. Die südlichen zwei Drittel stehen für den Kalk, den Untergrund der Salisbury Plain. Hier finden sich die Kathedrale von Salisbury, Stonehenge und die Gartenikone Stourhead.

Den Käse repräsentiert das nördliche Drittel, die Wiesen-Region entlang des Flusses Avon, in der die Kühe die notwendige Milch produzieren. Auf einen Besuch in Salisbury darf man sich ohne Einschränkungen freuen. Alleine die Anreise durch Wiltshire, egal aus welcher Himmelsrichtung, ist schön. Viel Grün, in dem Schafe grasen, Cottages aus Kalkstein und bis Juni blüht in manchen Bereichen der Raps, so weit das Auge reicht. Dessen Gelb steht in perfektem Kontrast zum Hellblau des Himmels. Eine sanfte Hügellandschaft, von deren Kuppen die Weite unter den Wölkchen so richtig zur Geltung kommt. Mit einem Wort: idyllisch. Deshalb wird hier auch gerne in Immobilien investiert, insbesondere, wenn sie eine gewisse Abgeschiedenheit bieten. Salisbury ist mehr als viermal so groß wie Wells, was aber nicht unbedingt viermal so schön bedeutet. Hinter Bath dagegen, das doppelt so groß ist wie Salisbury und für seine außerordentliche Architektur berühmt, muss sich Salisbury nur ein klein wenig verstecken. Zumal Bath, im Gegensatz zu Wells, keine Kathedrale vorzuweisen hat.

Das wäre ja auch noch schöner! Zwei riesige Prachtbauten, die nur 70 Kilometer voneinander entfernt fast zur gleichen Zeit gebaut wurden, sind bereits unglaublich. Salisbury verbindet Schönheit und Harmonie mit Lebendigkeit und Authentizität. Schon Salisburys Entstehungsgeschichte ist etwas Besonderes, denn die Ansiedlung hat gleich zweimal stattgefunden. Am nördlichen Ortsrand liegen die Ruinen von Old Sarum, dem ersten Salisbury. Bis Anfang des 13. Jahrhunderts hatten hier schon die Römer, die Angelsachsen und die Normannen gesiedelt. Es gab eine Garnison und auch schon eine Kathedrale. Dann verstand sich der Leiter der Garnison nicht mehr mit dem Leiter der Kathedrale, und der Bischof zog mit seinem Anhang einfach 3 Kilometer weiter nach Süden. An einer Schleife des Flusses Avon errichtete man New Sarum, war doch ein Grund für die Streitigkeiten in Old Sarum der dortige Wassermangel gewesen.

1 Stourhead Garden im Herbst. **2** Die Westseite der Kathedrale von Salisbury. **3** Auf Entdeckungstour im Stourhead Garden. **4** Die Kathedrale in Salisbury ist im Stil der englischen Gotik erbaut worden. Ihr Turm ist mit 123 Metern der höchste Kirchturm Großbritanniens.

1

2

3

Ab 1220 wurde die Kathedrale in Old Sarum abgebaut und am Avon noch prächtiger wieder aufgebaut. Nach nur 45 Jahren war der Bau bereits so gut wie fertig. Eine unglaubliche Leistung unter den Bedingungen des 13. Jahrhunderts, auch wenn man das beispielsweise mit der Bauzeit (über 600 Jahre) am Kölner Dom vergleicht. Diese kurze Bauzeit ist auch der Grund für den harmonischen Baustil der Kathedrale von Salisbury. Man hatte gar keine Zeit, neue Moden zu entwickeln, also wurde durchgängig im Stil der Frühgotik *Early English* gebaut. Die entspannt beschwingte Atmosphäre der Stadt scheint sich auf die Kathdrale übertragen zu haben – oder andersherum? Der besonders luftige Cathedral Close, fast eine eigene Parkanlage, tut ein Übriges. Egal aus welcher Himmelsrichtung sich der Reisende Salisbury nähert, die Kathedrale erspäht er schon früh, weil sie die ganze Region deutlich überragt. Das hat einen einfachen Grund: Salisbury Cathedral hat den mit 123 Metern höchsten Turm aller englischen Gotteshäuser. Dies führte zu den gleichen Gewichtsproblemen, die bereits die Baumeister der Kathedrale von Wells erfinderisch gemacht haben. In Salisbury begannen sich die Säulen des Vierungsturmes aus Purbeck-Marmor zu verbiegen und wurden bereits im 14. Jahrhundert mit Scherenbögen verstärkt. Wie in Wells, nur nicht so schön. Die Statik des Turmes ist bis heute ein heikles Thema, auch wenn sich die Säulen seit dem 17. Jahrhundert nicht weiter bedrohlich verbogen haben. Schöner als in Wells dagegen ist das ungewöhnlich große Taufbecken, das der für seine Wasserskulpturen bekannte William Pye 2008 designte. Es steht mitten zwischen den Sitzreihen und führt ständig fließendes Wasser. Ob deutsche Bauämter diesen Swimmingpool überhaupt genehmigt hätten? Ungewöhnlich ist auch die Magna Charta, die in der Dombibliothek aufbewahrt wird. Sie ist eines von vier Originalen aus dem Jahr 1215. König Johann Ohneland, der viel Land und damit Macht verloren hatte, musste sich damals von Kirche und Adel eine allererste schriftliche Verfassung abtrotzen lassen, die die Beziehung zwischen König und Untertanen regelte und selbstverständlich mit dem Verzicht auf einige Rechte verbunden war. Dieses Papier brachte seinerzeit der erste Earl of Salisbury in seine Heimatstadt. Er war Zeuge der Verhandlungen gewesen und zufälligerweise auch Halbbruder von King John Lackland. Die Magna Charta bildete die Grundlage zahlreicher Demokratien und Dokumente, darunter auch die der Verfassung der USA. Ihr Einfluss wirkt also auch 800 Jahre später noch.

5

1 Salon im Wohnhaus von »Stourhead«. **2** Traditionell ist der Speisesaal mit Ahnengalerie. **3** Rund 5000 kostbare alte Bücher werden in der Regency-Bibliothek aufbewahrt. **4** Früher wurde dieser Salon für Bälle leergeräumt. **5** Möbel, Gemälde, Skulpturen – nur Kunst von Weltrang.

Noch viel länger, nämlich rund 5000 Jahre, wirkt nun schon – phasenweise mehr oder weniger – der Einfluss des Steinkreises von Stonehenge. Kurz gesagt: die Geschichte der Steine ist spannend! Stonehenge ist faszinierend, so skurril wie nachdenkenswert und sollte so früh wie möglich am Morgen besucht werden. Je nach Empfinden kann man es als abstoßendes oder gut vermarktetes Massenspektakel bezeichnen. 1978 fuhren drei junge Motorradfahrer auf Englandtour mit ihren Maschinen bis mitten zwischen die Steine. Sie wollten Pause machen, ihre Regenkombis ausziehen und Verbotsschilder oder Absperrungen waren keine zu sehen. Sie stiegen ab, bockten ihre Maschinen auf. Einem brach der Seitenständer ab und er lehnte das Vehikel mit dem Lenker gegen einen der stabilen Steine. Wer sollte sich beschweren, wer könnte die jungen Burschen sensibilisieren? War doch keiner da. Das sieht heute ganz anders aus. Die Steine sind weiträumig eingezäunt und rund um die Uhr bewacht.

Tagsüber pilgern Hundertschaften den Rundweg entlang, mit 30 Metern Abstand zu den Steinen. Ein Bild, wie man es von der

1 Stonehenge wird rund um die Uhr gesichert. **2** Den »Teppich« herrichten, bevor geöffnet wird. **3** Sonnenaufgang in Stonehenge – nur mit Spezialticket. **4** Der Landschaftsgarten Stourhead ist ein dreidimensionales Gemälde. **5** Stourhead diente als Vorbild für viele Gärten in aller Welt. **6** Die Grotte mit Nymphe und Einsiedler.

Kaaba in Mekka kennt. Direkt zwischen die Steine kommen nur Besucher, die ein Spezialticket mit Spezialanmeldung für kleine Gruppen, außerhalb der normalen Öffnungszeiten, gekauft haben. Im Dezember 2013 wurde ein 27 Millionen Pfund teures Besucherzentrum eröffnet. Es liegt vor Blicken versteckt in einer Mulde, 2 Kilometer von den Steinen entfernt. Inklusive Pilgerweg und Busshuttle-Service. Die alten Kassenhäuschen, einen Parkplatz und auch eine unschöne Straße, nah an den Steinen, hat man zurückgebaut. Damit Stonehenge die »Ruhe und Würde« zurückbekommt, die ihm zusteht, und im Visitor Centre noch besser informiert werden kann, obwohl es über Stonehenge gar nicht so viel gesichertes Wissen gibt. Wenn dank verbesserter Logistik und Werbung die Besucherzahlen von einer Million pro Jahr auf 1,4 Millionen in Zukunft hochgeschraubt werden sollen, kann von Ruhe wohl nicht wirklich die Rede sein.

Eine angenehm entspannte Aussage zum Phänomen Stonehenge lautet, dass jedes Zeitalter das Stonehenge hat, das zu ihm passt. Als gesichert gilt, dass die Bauaktivitäten vor knapp 5000 Jahren begonnen haben, in mehreren Phasen durchgeführt wurden und dass der Steinkreis bis ca. 1100 v. Chr. »in Betrieb« war. Über die Betriebsarten gibt es nur Spekulationen. Es wurden verschiedene Gräber gefunden, also war Stonehenge möglicherweise eine kultische Grabstätte, wahrscheinlich für die Herrscher der Region. Wer sonst sollte die Baukosten bezahlt haben? Die Steine sind sehr exakt auf Sonnen- und Mondstände ausgerichtet. Wahrscheinlich war es ein Kalender, mit dem man Saat- und Erntezeiten berechnet hat. Als Cäsar mit seinen Legionen bei den Briten war, hat er beobachtet, dass Druiden ihren Kulten und Zaubereien im Wald auf Lichtungen und nicht in Steinkreisen nachgingen. Eigentlich entzieht dieses Wissen den heutigen Druiden die Basis für ihren Anspruch auf Stonehenge wurden.
Spannend ist die Frage, wie die Steine transportiert wurden. Die relativ leichten, sogenannten 80 Blausteine aus Süd-Wales reisten auf Flößen über den Bristol Channel, mit Booten über den Fluss Avon und anschließend auf Schlitten zu der Wiese, wo sie heute noch stehen. Man hat entsprechende Versuche durchge-

5

6

führt, die Rekonstruktion funktionierte. Kürzer, aber anstrengender war der Transport der bis zu 50 Tonnen schweren Sandstein-Trilithen. Bergauf dürften rein rechnerisch 1000 Mann nötig gewesen sein, um den Schlitten zu bewegen. Zeit hatte man damals und die war auch nötig, etwa für die Bearbeitung. Die Qualität der Werkzeuge war schließlich stein- bzw. bronzezeitlich.

John Constable hat den Zustand des Steinkreises 1835 in einem Gemälde festgehalten. Sieht gar nicht gut aus: Viele Steine waren umgefallen, von Würde keine Spur. Zwischen 1901 und 1964 wurde Stonehenge, ebenfalls in mehreren Bauabschnitten, mit modernen Baggern wiederaufgebaut. Diesmal stabil, denn die meisten Steine stehen nun in einem Betonsockel und auch nicht unbedingt so, wie sie ursprünglich platziert waren. Die Motorradfahrer von 1978 waren offensichtlich nicht die Einzigen, denen es an Sensibilität fehlte.

Umso mehr Einfühlungsvermögen bewiesen die Henry Hoares (Vater und Sohn gleichen Namens) vom Gartenparadies Stourhead. Sonst wäre der Garten – ein Haus gibt es auch – nie die Erfolgsgeschichte geworden, die er heute für den National Trust darstellt. Vater Henry erbaute ab 1721 das palladianische Herrenhaus, im Garten verwirklichte sich sein Sohn, Henry Hoare der Jüngere, den seine Familie auch »Henry the Magnificent« (»der Großartige«) nannte. Die Hoares waren eine Bankiersfamilie, allerdings mit dem Lebensmotto »glücklich, wer fern von Geschäften lebt«. Sohn Henry ließ den Fluss Stour zum See auf-

1 Ein Bad wie eine Wohnung im »Red Lion Hotel«. **2** Das Restaurant ist »farbsatt«. **3** Im Salon hängt eine Parliament Clock. **4** Eine Suite im »Red Lion«, die Wandbemalung rechts stammt aus dem 13. Jahrhundert. Das Mobiliar in den Zimmern ist handgefertigt. **5** Parliament Clocks wurden besteuert und hingen deshalb nur in Pubs.

stauen und das Ufer sehr buchtenreich und mit vielfältiger Vegetation gestalten.
Besuchern, die heute dem Weg um den See folgen, präsentiert sich hinter jeder Biegung ein ganz neues Bild. Ausblicke auf den See, interessante Perspektiven auf die nächsten Meter oder auch die Gebäude. Man weiß nie, was kommt. Besonders hervorzuheben ist der Blick von der Anhöhe auf den See mit Brücke im Vordergrund. Wie viele Menschen wohl schon auf der Rasenfläche in diesem Garten Picknick gemacht haben? Dem Dichter Alexander Pope, den Henry mit seinem Geld ebenfalls sponserte, wird die Aussage zugeschrieben, alle Gärtnerei sei Landschaftsmalerei. In Stourhead ist dies so, wobei bunte Rhododendren und Azaleen erst 150 Jahre nach Herrn Hoare gepflanzt wurden. Aufdringliche Farbe war seinerzeit verpönt, Niveau wurde im 18. Jahrhundert an dezenter Zurückhaltung festgemacht. Tja, lang, lang ist's her.

Eines der Highlights ist die Grotte mit schlafender Nymphe und winkendem Flussgott, ähnlich einem Eremiten. Tatsächlich soll Hoare überlegt haben, sich selbst in einer Hütte seines Parkes als Schmuckeremit auszustellen. Keine Schnapsidee, wie man heute sagen würde, vielmehr waren professionelle Ziereremiten, die sich gegen Geld in den Gärten ihrer Arbeitgeber ausstellen ließen, im 18. Jahrhundert sehr in Mode. Man glotzte schon

immer gerne. Erst auf Eremiten, dann auf exotische Menschen aus den Kolonien, heute auf Unfälle auf der Autobahn oder merkwürdige Figuren wie in »Big Brother« und »Dschungelcamp«. Wer die Gesichtsausdrücke der Besucher in Stonehenge mit dem Lächeln der Menschen in Stourhead vergleicht, könnte auf die Idee kommen, dass Stonhenge eher ein Pflichtprogramm darstellt und Stourhead die verdiente Kür.

Zeit für Salisbury, Stonehenge & Stourhead

Anreise und Verbindungen

Auto: Von Dover direkt sind die 265 km nach Salisbury in ca. 3 h machbar.
Bus: regelmäßige Verbindungen nach Stonehenge.
Bahn: Der Bahnhof ist ca. 800 m von der Innenstadt entfernt.
Beste Reisezeit: ganzjährig.

Sehen und Erleben

Kathedrale Salisbury – Genug Programm für einen ganzen Tag! Besonders interessant sind die Führungen über das Dach. Salisbury Cathedral, 6 The Close, Salisbury, Wiltshire, Tel. +44 17 22 55 51 20, Mo–Sa 9–17 Uhr, So 12–16 Uhr, www.salisburycathedral.org.uk
Longleat – Liegt ganz in der Nähe des Stourhead Garden. Ein imposanter Herrensitz, der sich selbst finanziert, seitdem 1965 auf dem riesigen Gelände der erste Safaripark eröffnet hat. Es gibt u. a. freilaufende Löwen, Wölfe, Elefanten, und wenn nicht gerade das eigene Auto ausgerechnet im Löwengehege Feuer

5

fängt (wie im April 2014 passiert), ist der Besuch spannend, aber ungefährlich. Longleat, Warminster, Wiltshire, Tel. +44 19 85 84 44 00, www.longleat.co.uk

Unterkunft

Best Western Red Lion Hotel – mittlere bis gehobene Preisklasse. Eines der ältesten Hotels in England überhaupt. Es hat bereits im 13. Jh. die Handwerker beherbergt, die am Bau der Kathedrale beteiligt waren. Wandfragmente aus der Zeit mit Originalmalereien sind in einigen Zimmern hinter Glas zu sehen. Milford St, Salisbury, Tel. +44 17 22 32 33 34, www.the-redlion.co.uk

Restaurants

Haunch of Venison – Mahlzeiten für 10–20 £. Fast so alt wie das Red Lion Hotel und ähnlich atmosphärisch. 1 Minster St, Salisbury, Tel. +44 17 22 41 13 13, www.haunch-salisbury.com
The Mill – Mahlzeiten für 7–14 £. Schöner Pub aus dem 18. Jh. am Ufer des Avon. Auf dem Gelände, das auch im »Doomsday Book« aufgelistet wurde, residierte früher der Bischof von Old Sarum. 7 The Maltings, Salisbury, Tel. +44 17 22 41 21 27.

Informationen

Tourist Information Centre: Fish Row, Salisbury, Tel. +44 17 22 34 28 60, www.visitwiltshire.co.uk

1

LONDON
JACKS of BATH

2

BANANA
REPUBLIC
BANANA REPUBLI

3

ROMAN
BATHS

4

Zu den Quellen des luxuriösen Lebens

Bath und der Kennet-und-Avon-Kanal

Das einzigartige Bath, das »Florenz Englands«, gehört zum Weltkulturerbe der UNESCO. Obwohl viele Gebäude unter Denkmalschutz stehen, ist Bath überhaupt keine Museumsstadt. Auf dem Wasser des Kennet-und-Avon-Kanals kann man an Bord eines *Narrowboats* die Umgebung erkunden.

Bath ist eine im 18. Jahrhundert unfassbar harmonisch erbaute Stadt. Der hervorragende Zustand der georgianischen Bausubstanz verblüfft umso mehr, da auch Bath Ende April 1942 zweimal Ziel der berüchtigten *Baedeker raids* (s. Einleitung) wurde. Rund 1000 Gebäude wurden zerstört und weitere 2000 beschädigt, wovon heute aber nichts mehr zu sehen ist. Doch der Reihe nach. Die Erdentstehung hatte vor langer Zeit und über sehr lange Zeiträume dafür gesorgt, dass sich im Untergrund wasserführende Kalkschichten durchbogen, zur Form einer »Salatschüssel«. Ein Randabschnitt dieser Mulde tritt beispielsweise in den Mendip Hills an die Erdoberfläche. Fließt dort das Regenwasser in den Boden, gelangt es entlang der Kalkschicht nach unten, wird auf dem Weg mit Mineralien angereichert, erwärmt, und tritt dann, nach dem Prinzip der Kommunizierenden Röhren, an der anderen Randseite dieser »Schüssel« wieder aus. Der Sage nach war der von Krätze geplagte Prinz Bladud, Vater von King Lear, der erste Badegast in den Quellen, um die herum später die Stadt Bath gebaut wurde. Von der eigenen Familie zum Schweinehirten degradiert, beobachtete er eines Tages seine Tiere, die in der warmen Suhle badeten. Weil die Haut seiner Schweine nach dem Bad wesentlich besser ausschaute, machte er es ihnen nach und siehe da: auch Bladud gesundete in dem Wasser. Soviel zur Sage. Praktischerweise steht genau an der Stelle dieses Ereignisses heute die Stadt Bath.
Tatsächlich gelten aufgrund von schriftlichen Aufzeichnungen die Römer als die Entdecker der Quellen, zumindest nutzten sie sie umgehend sehr professionell, indem sie ein Bad bauten. Wenn später ganze Städte um Kathedralen herum entstanden, war dies zur Römerzeit auch in der Nähe eines Badetempels möglich. Baden, und was damit zusammenhing, galt als ein gutes Stück Kultur, das den Römern einiges wert war. Ein Freizeitevent, bei dem man gemeinsam in die Sauna ging, sich massieren ließ und Geschäftsgespräche führte, wie möglicherweise auch

1 »Bizarre Bath« mit entsprechender Werbung. **2** »Jacks of Bath«. **3** »Banana Republic« – nicht nur in Bath. **4** Musiker und Kleinkünstler bevölkern den Platz vor den Römischen Bädern.

1

2

3

1 »Bath liegt in einem lachenden Tal.« **2** Bath Abbey, »Pumproom« und die Römischen Bäder. **3** Gebadet wird heute im modernen Spa nebenan. **4** Die Pulteney Bridge über den River Avon mit kleinen Läden und Pavillons im Inneren – fast wie in Florenz. **5** Morgenlicht auf Bath Abbey. **6** Viele Straßenzüge sehen fantastisch aus.

heute in den großen modernen Thermen. Nachfolgende Kulturen in England wussten diese Errungenschaften nicht mehr zu schätzen, also verfielen die Anlagen mit dem Abzug der Römer. Man badete zwar immer noch in Bath, zelebrierte es aber nicht auf dem gleichen Niveau wie vorher. Vielmehr erzählen frühe Reisereportagen, u.a. im Tagebuch von Samuel Pepys (1668), davon, dass das Badewasser ziemlich verschmutzt vorgefunden wurde. Des Weiteren wird auch von Johanna Schopenhauer, Mutter von Arthur Schopenhauer, kritisiert, dass wirklich alle Zeitgenossen miteinander baden durften, also Kranke, Gesunde, Männlein, Weiblein, Alte, Junge, Reiche und Arme ohne Unterscheidung. Die Überbleibsel aus der Römerzeit wurden erst im Jahre 1727 wiederentdeckt, bei Bauarbeiten, die ab ca. 1700 in Bath in großem Stil stattfanden. Die Bevölkerung wuchs damals schnell und innerhalb kurzer Zeiträume wurde viel Geld erwirtschaftet. Dies war unter anderem durch die gnadenlose Ausbeutung von Menschen im Rahmen des Sklavenhandels möglich. Die Hafenstadt Bristol, nur 20 Kilometer von Bath entfernt, war ganz stark in dieses unrühmliche Kapitel der Geschichte involviert. Eine weitere Tatsache ist, dass Anfang des 18. Jahrhunderts in Bath Zeitgenossen mit einer bestimmten Mentalität zueinander fanden, die alle ihren Beitrag zu dieser Blütezeit lieferten. Im 18. Jahrhundert verzehnfachte sich die Einwohnerzahl auf rund 34 000 und Bath war die achtgrößte Stadt Englands. Der Bauboom glich einem Goldrausch und die Fassaden vieler Häuser glänzen bis heute golden, zumindest in den letzten Sonnenstrahlen am Abend.

Die Architekten John Wood, ein Vater-Sohn-Gespann, der Postmeister Ralph Allen und der Zeremonienmeister bzw. Dandy Richard Nash verband der Ehrgeiz, etwas anzupacken, der Mut, die Gunst der Stunde zu nutzen, und auch ein Hang zur »Zockerei«. Richard »Beau« Nash, ab 1705 der inoffizielle »Chefbespaßer« der Kurgäste, war vom Typus eitler Conférencier, Entertainer, auffällig frisiert und gekleidet, auf eigene Weise witzig und

5

6

ein Glücksspieler im wörtlichen Sinne. Er erkannte schnell seine Chance, den Ort, den Besucher seit Jahrhunderten schon wegen der einzigartigen, heißen Quellen ansteuerten, zu seiner persönlichen Bühne auszubauen. Fortan organisierte Nash die Zerstreuung der Gäste auf straffe Art und Weise. Herren, die den »Ballroom« mit Reitstiefeln betraten, soll er mit den Worten angesprochen haben: »Sir, Sie haben Ihr Pferd vergessen!« Er machte Bath zu einem eleganten und angesagten Ort. Wer im zahlungskräftigen Publikum der Gesellschaft etwas auf sich hielt, fühlte sich früher oder später gezwungen, in Bath seinen Beitrag zum Snobismus zu leisten. Und das galt nicht nur für die feine, englische Gesellschaft. Nebeneffekt: Bath mutierte zum Heiratsmarkt. Der Zeitungsverleger und Autor des Romans »Robinson Crusoe«, Daniel Defoe, nannte Bath »einen Ort, der den Tagedieben hilft, die schlimmste Art des Mordes zu begehen, nämlich die Zeit totzuschlagen.«

Die Architekten der Familie Wood dagegen frönten der Spielleidenschaft im Rahmen ihres Baugewerbes. Man kaufte oder pachtete mehr Baufläche, als man erstmal brauchte und spekulierte darauf, dass sich später schon ein Abnehmer finden lassen würde. Im Zweifelsfall wurden die Grundstücke eben an andere Architekten weitergegeben, was besser für die eigene Liquidität war und das Risiko auf die Kollegen übertrug. Um Interessenten zu finden, musste schnell und preisgünstig gebaut werden. Des-

1

2

3

4

halb baute man schmale Fassaden, denn Steuern und Kaufpreise wurden nach der Breite der Häuser bemessen.

Wie in Frankreich und in Teilen Deutschlands gab es auch in England eine Fenstersteuer. Dies führte dazu, dass Fenster nachträglich wieder zugemauert oder mit Attrappen verziert wurden, was man heute noch sieht. Um auf einen komfortablen Wohnraum zu kommen, bei schmaler Fassade, musste zwangsläufig lang nach hinten herausgebaut werden. Um die Kosten weiter gering zu halten, bei gleichzeitig edler Optik, wurde der berühmte *Bath stone* in erster Linie zur Verblendung der Fassade eingesetzt. Reines Blendwerk! Schaut man nämlich »hinter die Fassade« – einfach mal um die Häuserzeile herumgehen – entdeckt man Hinterhöfe, in denen billigerer Stein und wenig Etikette einen sehr uneinheitlichen Eindruck hinterlassen.

Bath wurde also nicht mit Planung im ganz großen Stil am Reißbrett geschaffen. Es hat sich so entwickelt wie es ist, weil die Baumeister gewissen Parametern Rechnung tragen mussten. John Wood Senior plante den »Circus« noch vor seinem Tod, einen Kreis aus Häusern, nur zehn Bummelminuten von »Pumproom« und Abtei entfernt. Inspiriert wurde er angeblich vom Kolosseum in Rom oder auch vom Steinkreis in Stonehenge. Der Junior John Wood ließ ab 1754 bauen und wagte sich nach der Fertigstellung 1767 sofort an sein eigenes Meisterwerk, den Royal Crescent. Nur ein paar Meter vom »Circus« entfernt öffnet

sich die Straße völlig überraschend nach rechts und wie aus dem Nichts steht dieser Prachtbau vor dem Besucher. In anderen Städten hätte man den Fußgänger auf eine angemessene Allee geschickt und ihm über hunderte Meter Zeit gegeben, sich optisch anzunähern. Der Royal Crescent ist ein Halbkreis aus 30 Häusern, 184 Meter lang mit über 100 ionischen Säulen. Die frühe Reihenhausanlage für die Oberen Zehntausend lässt sich heutzutage nur selten gut fotografieren, weil fast immer vor mindestens einer der Fassaden ein Baugerüst steht.
Als Baumaterial diente der berühmte Bath-Stein aus dem Steinbruch von Mr. Ralph Allen. Herr Allen war als findiger Unternehmer im Geschäftsbereich der Post reich geworden. Sein Geld investierte er unter anderem in diesen Steinbruch, in dem dieser optisch schöne und hervorragend zu verarbeitende Kalkstein abgebaut wurde. Man ahnt schon, eine Entscheidung, die ihn nicht ärmer werden ließ! Ein paar Kilometer südlich der Innenstadt im Prior Park steht sein »Musterhaus« im Stil einer Palladio-Villa, das Allen sich von Wood dem Älteren bauen ließ. Eine gute Werbung für Woods Künste als Architekt und für Ralph Allens Steine, die nicht nur in Bath verbaut wurden.

1 Rein in die Schleuse und fluten! **2** Nach der Schleuse ist vor der Schleuse. **3** Mit »Narrowboats« auf dem Kennet-und-Avon-Kanal, der heute von der Freizeitschifffahrt und als Naherholungsgebiet genutzt wird. **4** Der Caen Hill Flight ist eine Schleusentreppe mit 29 Stufen.

Das meiste Leben in der City des heute um die 86 000 Einwohner zählenden Bath spielt sich im Bereich der schönen Abteikirche, Abbey Church of Saint Peter & Saint Paul, dem »Pumproom« und dem Römischen Bad ab. Musiker, Pantomimen, Maler und vor allem Studenten der Universität sorgen dafür, dass es in Bath quirlig zugeht. Natürlich hat Bath auch eine moderne, standesgemäße Therme, die über den Dächern von Bath liegt und sich vor allem durch den Ausblick von anderen Thermen unterscheidet. Im Römischen Bad hingegen, dessen Ausgrabung eine der bedeutendsten touristischen Attraktionen der Stadt ist, wird heute nicht mehr gebadet, nur noch fotografiert, obwohl das heiße Wasser sich nach wie vor aus dem Untergrund nach oben drückt.
Den *Cream Tea* in Beau Nashs »Pumproom« genießt die Gesellschaft von Bath nun ganz zwanglos, bei musikalischer Beglei-

1

2

3

tung. In dem edlen, georgianischen Raum ist ein Restaurant untergebracht. Hin und wieder wird er, wie zu »Beau« Nashs Zeiten, leergeräumt für Tanzveranstaltungen. Hier sprudelt auch das Heilwasser mit dem gewöhnungsbedürftigen Geschmack aus einem kleinen Brunnen. Man sollte sich vergegenwärtigen, dass dies der Regen ist, der schon lange vor Prinz Bladud in den Boden gesickert war. Einen Grund, Bath mit Florenz in Italien zu vergleichen, liefert die Pulteney Bridge über den Avon. Die Florenzer Ponte Vecchio ist zwar über 400 Jahre älter als ihr englisches Pendant, verfügt aber auch nur über drei Bögen. Diese Flussstelle zu passieren, dürfte für die Ausflügler auf den *Narrowboats*, die die Langsamkeit des Reisens bei Bootsfahrten auf dem Kennet-und-Avon-Kanal entdecken, einen der Höhepunkte darstellen. Nur gut 2 Meter schmal (*narrow*) sind diese Wohnboote, sonst würden sie nicht in die damals gebauten Schleusen passen. Der Bau des 140 Kilometer langen Kennet-und-Avon-Kanals konnte 1810 endgültig fertiggestellt werden, der damals in erster Linie dazu diente, Kohle auf den Schiffen durch das Land zu transportieren.

Der Kanal verbindet Bristol über den Avon mit der Themse bei Reading und wurde gar nicht so lange genutzt, da die aufkommende Eisenbahn Transporte noch wirtschaftlicher abwickeln konnte. Ironie des Schicksals: Der Konkurrent kaufte die Kanalgesellschaft auf und ließ die Wasserstraße fortan ungenutzt verfallen. Durch Übernahme entledigte man sich schon immer der Mitbewerber. Bis 1990 wurde jahrelang renoviert, bevor der Kanal für Freizeit- und Urlaubskapitäne wieder freigegeben werden konnte. Wie auch in Frankreich stellt die Kanalschifferei eine ganz entspannte Möglichkeit dar, seine Ferien zu verbringen. Ein malerischer Wasserweg und 4 Stundenkilometer Reisegeschwindigkeit – so lässt sich die herrlich grüne Landschaft in Ruhe genießen. Sogar Pubs gibt es entlang der Strecke. Das Passieren der vielen Schleusen artet eigentlich nur einmal in Arbeit aus, und zwar westlich des kleinen Ortes Devizes, etwa 30 Kilometer östlich von Bath. Hier beobachten Wanderer und Spaziergänger gern, wie die Schiffe die berühmte Schleusentreppe des »Caen Hill Flight« erklimmen. 29 Schleusenstufen bringen die Boote auf ein über 72 Meter höheres oder niedrigeres Niveau. 6 Stunden lang heißt es auf dieser 3,2 km langen Strecke: rein in die Schleuse, verriegeln und fluten oder abfließen lassen, 50 Meter (oder auch mehr) durch das Ausgleichsbecken fahren, nächste Schleuse und das Gleiche nochmal.

1 Auf wenig Raum bieten die Zimmer im »Halcyon Hotel« viel Service. **2** Coole Atmosphäre in der Bar. **3** Moderner und trotzdem plüschiger Frühstückssaal. **4** Edle Bar-Nische mit Ledersofas.

Zeit für Bath & den Kennet-und-Avon-Kanal

Anreise und Verbindungen

Auto: Von Dover sind die 320 km nach Bath in ca. 3,5 h machbar.
Bus: viele Verbindungen nach Bristol, Wells und Frome. Abfahrten vor dem Zugbahnhof rechts.
Bahn: stündliche Verbindungen nach London (Paddington und Waterloo) und noch häufiger nach Bristol. Weitere Linien auch in den Süden, z. B. nach Weymouth.
Beste Reisezeit: ganzjährig.

Sehen und Erleben

Römische Bäder – der Grundstein der Stadt Bath. Absolut sehenswert, am besten außerhalb der Hauptsaison. Unterhaltsame Audioguides gibt es auch auf Deutsch. Nebenan ist gleich der Pumproom mit dem unappetitlichen Wasser, das gegen ziemlich viele Erkrankungen helfen soll. Abbey Church Yard, Bath, Tel. +44 12 25 47 77 85, April–Okt. So–Do 13.30–16 Uhr, www.romanbaths.co.uk
Prior Park – liegt im Süden der Stadt, ist mit Bus 2 erreichbar und bietet traumhafte Aussichten auf Bath. Es ist der Landschaftsgarten mit »Musterhaus«, mit dem Ralph Allen Gästen und Kunden demonstrierte, welch schöne Häuser sich aus seinem Stein bauen lassen. Tel. +44 12 55 83 34 22, Feb.–Nov. Mi–Mo 11–17.30 Uhr, Nov.–Feb. Sa & So 11–17.30 Uhr, www.nationaltrust.org.uk/prior-park
Stadtrundgänge – werden von der Touristinfo organisiert. Gratis und sehr informativ ist die »Mayor's Guide Tour«, die jeden Tag um 10.30 Uhr am Pumproom startet. Dauer: 2 h, auf Englisch.

Unterkunft

The Halcyon Hotel – mittlere bis gehobene Preisklasse. Modernes Hotel in schöner und ruhiger Lage in Bahnhofsnähe. Ein großer Parkplatz ist nordöstlich 5 Minuten zu Fuß entfernt am Cricket-Club, gleich hinter der Brücke über den River Avon. Schöne Zimmer, cooles Restaurant und Bar! Es gibt zusätzlich Apartments in der George Street. Bath, 2/3 South Parade, Tel. +44 12 25 44 41 00, www.thehalcyon.com

Restaurants

The Bathwick Boatman – Die italienische Küche und das Ambiente sind ihr Geld absolut wert! Ein Restaurant in einem alten Holzboot in herrlicher Lage auf dem River Avon. Romantische Terrasse. Gerichte 12–16 £. Forester Road, Bathwick, Bath, Tel. +44 12 25 42 88 44, www.bathwickboatman.com

The Circus – ganz nah am Royal Crescent, trotzdem für jedermann! Weil sich Touristen von der exklusiven Lage abschrecken lassen, treffen sich hier fast nur Einheimische. Überraschend gutes Preis-Leistungs-Verhältnis. Gerichte 6–16 £. 34 Brock Street, Bath, Tel. +44 12 25 46 60 20, www.thecircuscafeandrestaurant.co.uk

Informationen

Tourist Information Centre: Abbey Chambers, Abbey Chruchyard, Bath, Tel. +44 84 48 47 52 57, www.visitbath.co.uk
Bath Narrowboats: Sydney Wharf, Bathwick Hill, Bath, Tel. +44 12 25 44 72 76, www.bath-narrowboats.co.uk

Zu Gast in Englands Südwesten

Anfang Mai blüht der Rhododendron auch im Park von Lanhydrock

Praktische Reiseinformationen

National Trust vs. English Heritage

Beides sind Institutionen, die sich der Denkmalpflege verschrieben haben. Ein großer Unterschied besteht darin, dass der »Trust«, wie er in England kurz genannt wird, aus einer privaten Initiative, einer Bürgerinitiative entstanden ist, dagegen English Heritage (EH) von der Regierung gegründet wurde. EH verwaltet über 400 historische

1

und archäologische Stätten und ca. 380 000 unter Denkmalschutz stehende Bauwerke. Zum Teil gibt es Überschneidungen, so gehört der Steinkreis Stonehenge zu EH, das Land, auf dem er steht, aber zum National Trust (NT). Werden öffentliche Gelder zur Unterstützung an den NT geleitet, geschieht dies über EH, der seinerseits z. T. von der Unterstützung durch die EU profitiert. Beiden gemein ist, dass sie den Denkmalschutz ganz massiv mit dem Tourismus finanzieren, man denke nur an das neue, teure Visitor Center in Stonehenge. Dies ruft natürlich auch Kritiker auf den Plan.
Spannend ist die Erfolgsgeschichte des »National Trust for Places of Historic Interest or Natural Beauty«, für dessen Gründung 1895 drei Gleichgesinnte verantwortlich zeichneten. Eine Sozialarbeiterin, ein Rechtsanwalt und ein Pfarrer fürchteten die Gefahr, dass der Industrialisierung immer mehr alte Gebäude und Landstriche geopfert werden würden. Die einzige Chance, diese zu schützen, sahen sie in der Überführung und Verwaltung in den Privatbesitz des Trusts. Frei nach dem Motto: Tierarten, die man erhalten will, muss man schlucken. Das erste Objekt, das für einen Kaufpreis von 10 Pfund den Fundus des Trusts gründete, war das erwähnte alte Pfarrhaus in Alfriston bei Eastbourne (siehe S. 20). Es ist eine der grundsätzlichen Ideen des NT, die Häuser in einer möglichst realistischen Funktion und nicht als Museum zu erhalten.

1 Ein Blumenanker des National Trust an den Old Harry Rocks, Swanage. **2** Gemütlicher Pub am Hafen in Mevagissey. Oft voll. **3** Alles Admiral, oder was? Fish & Chips in der Admiral-Nelson-Stadt Portsmouth. **4** Das »Lifeboat Inn« in St. Ives.

Private Schenkungen statt hoher Steuern

Im Lauf der Zeit griffen immer mehr Adlige auf die Möglichkeit zurück, ihre kostspieligen Landsitze oder Gartenanlagen dem Trust zu überschreiben, wie auch die Familie St. Levan, die nach wie vor Teile der Gebäude des St. Michael's Mount bewohnt. Per Schenkung ging das Anwesen an den Trust, das Wohnrecht für die nächsten 999 Jahre dagegen behielt man. Dies hatte und hat für die Familien nach wie vor den zusätzlichen Vorteil, die Erbschaftssteuer an den Staat einzusparen, die bei einer Weitergabe an die nächste Generation fällig werden würde.
Sind die Besuchszeiten erst abgelaufen, traut man sich auch wieder in die Bereiche, die gerade noch von den Urlaubern bevölkert wurden. Ab Mitte der 1960er-Jahre begann der NT im Rahmen seines »Neptune Coastline«-Projekts, gefährdete Küstenabschnitte aufzukaufen. Aktuell hat man es auf ca. 1150 km gebracht, leider gehört der Bereich von Land's End in Cornwall nicht dazu, weshalb es dort so aussieht, wie es eben aussieht. Die Eintrittsgelder zu den Sehenswürdigkeiten betragen oft 10 Pfund und mehr. Es lohnt sich ganz schnell, ein 14-Tages-Ticket zu kaufen oder sogar eine Jahresmitgliedschaft für 58 Pfund (Stand 2014) zu beantragen, zumal dann auch die zusätzlichen Parkgebühren inklusive sind. Als Member ist der Besucher eine Art Anteilseigner, man könnte sich also einbilden, anteiliger Besitzer des St. Michael's Mount zu sein.

Pubs, Inns, Arms, Taverns

Man glaubt es kaum, das Pub in Großbritannien ist eine Entwicklung des Viktorianischen Zeitalters. Wohlgemerkt die Bezeichnung, denn die Einrichtung gibt es natürlich schon viel länger. Ein *public house* ist auf Deutsch ein Haus für die Öffentlichkeit, das bereits die Römer bei den Briten benötigten. Straßen wurden angelegt und an den Knotenpunkten Versorgungsstationen eingerichtet. Einer im Dorf musste sich »opfern« und sein Haus als öffentlichen Treffpunkt hergeben, in dem es Essen und Trinken für alle gab, vor allem aber für die Reisenden. Das Pub war faktisch so gemütlich wie die Wohnung des Wirtes, weil es ein und dasselbe war. In diesem Stil verwöhnen die Pubs eigentlich bis heute ihre Gäste, wobei man bedenken sollte, dass die Menschen früher keine Zentralheizung, Holzvertäfelung an den Wänden oder Ledersofas im Wohnzimmer hatten, sondern aus Beheizungsgründen mit den Viechern Rücken an Rücken schliefen. Die Kneipen selbst dürften ziemliche Schweineställe gewesen sein, mit dem Vorteil, dass hier ein weniger verkeimtes Getränk gereicht wurde, als es das Wasser in früheren Jahrhunderten darstellte.

Vom Alehouse zum Inn

Weil es hier »Ale« zu trinken gab, hießen diese Versorgungsstationen zunächst »Alehouses«. Mit dem Aufkommen des ersten Wandertourismus, der

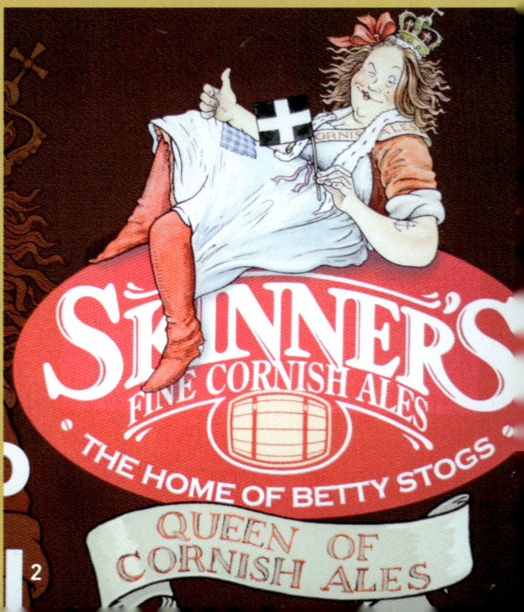

2

Pilgerreisen, wurden Unterkünfte benötigt. Es ist naheliegend, dass gerade »Alehouses«, die von Mönchen betrieben wurden, erste Herbergsdienste anboten, womit sich das einfache »Alehouse« zum »Inn« weiterentwickelt hatte. Während der Karriere von Francis Drake, unter Queen Elizabeth I., verzeichnete das Empire ein beachtliches Wachstum, bedingt durch Sklavenhandel, Krieg und Freibeuterei, was sich auch in den Trinkgewohnheiten niederschlug. Wer es sich leisten konnte, bestellte Wein in den Tavernen. Die Tavernen dürften eher dem Konsumverhalten der heutigen Kneipenbesucher entsprochen haben, da sie mehr dem Vergnügen dienten. Die »Alehouses« hingegen befriedigten eher die Grundbedürfnisse der Ärmeren nach Kalorien und Flüssigkeit. Zu den Vergnügen, die in den Tavernen geboten wurden, zählten auch die Prostitution und das Glücksspiel.
Die Bezeichnung »Arms« für ein *public house* weist darauf hin, dass dieses »Glas-Bier-Geschäft« mal etwas mit einem *almshouse* zu tun hatte. Darunter versteht man Altenheime bzw. Armenhäuser und *arms* zeugt mal wieder von einer Verbalhornung dieses Ausdrucks. Da die Königliche Familie in früherer Zeit der Träger dieser Institutionen war, verwundert es nicht, dass viele »Arms« damals »Queens Arms« oder »Kings Arms« heißen. Ein »Free House« ist ein Pub, das keiner Brauerei gehört und das sind ganz wenige in Großbritannien! Der Besitzer ist daher frei in der Entscheidung, welches Bier, aus welchen Gründen durch seine Zapfanlagen fließt. Im Zweifelsfall sind dies die Pubs, die sich wirklich an der Qualität des Bieres und am Geschmack der Gäste orientieren.
Wer in ein englisches Pub geht und nicht zu lange am Tisch sitzen möchte, ohne dass etwas passiert, hat viel mehr Spaß, wenn er den ganz wesentlichen Unterschied zu Deutschland kennt: Im Normallfall geht man zur Bestellung an die Theke und zahlt dann auch gleich.

Essen und Trinken

Das Essen in England ist schlecht! Es langweilt, sich mit diesem Klischee beschäftigen zu müssen, weil dieses Pauschalurteil schon länger nicht mehr stimmt, es sei denn, man findet auch das Essen in Deutschland schlecht. Natürlich, beim berühmten englischen Frühstück muss man hin und wieder Abstriche machen. Einen schmackhaften Kaffee zu kochen, dazu fehlt vermutlich die Routine oder auch das Interesse – aber dafür ist man beim Tee umso besser.
Die Würstchen, die zusammen mit Speck, Bohnen und Spiegel- oder Rührei auf den Teller kommen, sollte man sich genau anschauen. Niemand wird gezwungen »Laborzüchtungen« zu sich zu nehmen. Schon vor 15 Jahren siedelte sich in jeder Stadt ein Thai, ein Inder oder auch eine Pizzeria an, in der man günstig und gut essen kann. Der Fernsehkoch Rick Stein in Padstow (siehe S. 152) hat ab 1975 mit seiner Philosophie von einer Ernährung auf der Basis lokal hergestellter Lebensmittel eine Bewegung angestoßen, die weit über frischen Fisch hinausgeht.
Jüngere Köche, wie der »Italiener« Jamie Oliver, brachten Ideen ein und sprachen eine andere Zielgruppe an. Kochen im TV bringt Aufmerksamkeit, weil es die breite Masse erreicht und nachdenklich machen kann. Jamie Oliver hat mit seinem sozialen Engagement im Bereich des Schulessens und der »Fifteen«-Projekte (siehe S. 148) in Newquay und London das weite Thema »Nahrung« als Vehikel für Denkanstöße und Verbesserungen in ganz anderen Lebensbereichen genutzt.

Kochtrends halten Einzug

Wer heutzutage Urlaub in Englands Südwesten macht, wird anhand von Publikationen in Reiseführern, Internet und Fernsehen zwangsläufig für die Thematik des »Slow Food« sensibilisiert. Slow Food ist ein Lebensstil und kann wie selbstverständlich den Roten Faden einer Englandreise bilden. Vergleichbar mit den Geschichten von Bonnie Prince Charly, Maria Stuart und der Whisky-Herstellung, die den Roten Faden einer Schottlandreise spinnen.

4

Wer sich übers Essen und Trinken Gedanken macht, ist auch schnell beim Familienleben, der Arbeit und dem Freizeitverhalten. Und wer sich eigentlich gar nicht so viele kritische Gedanken machen möchte – wir sind schließlich im Urlaub –, der futtert in Cornwall (siehe S. 143), zumindest als Snack, »Pasties« – Teigtaschen, die je nach Inhalt auch dem Vegetarier gefallen werden. Typisch Devon soll der *cream tea* sein. Kleine, weiche Brötchen mit süßer Marmelade und festem Rahm, nicht Butter, und zum Trinken Tee, was sonst? Überraschend gut ist das Eis der Marke Roskilly's, das auf der Lizard-Halbinsel bei St. Keverne hergestellt wird.
Wer gern Most trinkt, wird auch Cider mögen, vergorenen Apfelsaft. In Somerset gibt es sogar eine hochprozentige Variante, den Somerset Cider Brandy. Seit 2000 Jahren wird Wein auf der Insel angebaut. Das milde Klima inspirierte und zufällig hatten die Römer ein paar Reben dabei. Die kalkigen Böden südlich von London ähneln denen der Champagne in Frankreich so sehr, dass bei Blindverkostungen der englische Sekt den französischen Champagner schon mal schlägt.

Anreise und Transport vor Ort

Englische Autofahrer fahren tendenziell *gentlemanlike*, auch die weiblichen. Deshalb muss man vor dem Linksfahren mit dem eigenen Fahrzeug gar keine Angst haben. Die ersten Tage ist der Kontinentale erfahrungsgemäß nervös und somit hochkonzentriert. Erst danach kann es zu Fehlentscheidungen kommen, insbesondere wenn keine anderen Fahrzeuge auf der Straße fahren, die nicht zuletzt der Orientierung dienen.
Bei den Kanalfähren (www.directferries.de) lohnt es sich, die Angebote auf den Heimseiten der Reedereien direkt zu kontrollieren. Ein 72-Stunden-Ticket gibt mehr Flexibilität. Billigflüge (Suchmaschine: www.checkfelix.com) gibt es nach London und, etwas teurer, nach Bristol. Von Bristol werden Hamburg, Frankfurt, München, Salzburg, Innsbruck und Zürich angeflogen. Wer nach der Fluganreise lieber ein Leihauto nimmt, muss sich an »rechts sitzen und links schalten« gewöhnen – geht auch recht schnell.

1

Parken in England ist teuer, wird richtig teuer (ca. 50 £), wenn man ohne Ticket erwischt wird und das Dumme ist: Gerade in der Hochsaison wird »krankhaft« stark kontrolliert! Selbst Parkplätze, die abgelegen sind und auch am Sonntagmorgen um 4 Uhr. Bekommt man nur ein Ticket während seines Urlaubs, könnte man es sich überlegen, zu »pokern«, indem man es ignoriert. Hat man drei nicht bezahlt, meldet sich eine Inkassofirma Namens »Parking Eye«, die das Geld, aufgrund der EU-Zugehörigkeit von Großbritannien, rein rechtlich durchaus eintreiben kann. Wer seine Nerven schonen möchte, lässt es besser erst gar nicht so weit kommen oder zahlt innerhalb der ersten 14 Tage, da es dann 50% Rabatt gibt. England ist nicht bekannt für extra viele Autoaufbrüche, aber Navis und andere Wertsachen dürfen trotzdem nicht offen sichtbar sein, ganz besonders nicht an abgelegenen Orten.

Zug und Bus als gute Alternative

Wer zehn Tage Urlaub nur an ein oder zwei Orten machen möchte, z. B. eine Woche Cornwall und dort eine feste Bleibe hat, sollte über eine Anreise mit Bus & Bahn nachdenken. Züge erreichen London-St. Pancras, dann am besten ein Taxi nehmen (um den Anschluss nicht zu verpassen) nach Paddington und dort den Zug besteigen nach Penzance (5h Fahrt) in Cornwall. Das Umsteigen gestaltet sich auch mit viel Gepäck sehr komfortabel, da Taxi und Zug, nur wenige Meter voneinander entfernt, auf derselben Ebene halten. Die Strecke bietet spektakuläre Aussichten entlang der Nordküste auf's Meer. Im Zug bekommt der Urlauber die ersten interessanten Kontakte zu seinen aufgeschlossenen Gastgebern, es geht aber auch mit dem Bus von London nach Cornwall: www.nationalexpress.com
Von Mai bis September ist das Reisen mit Bus & Bahn vor Ort überhaupt kein Problem, da besonders viele Verbindungen angeboten werden. Im Zeitraum Oktober bis April muss man seinen Tag genauer planen. Detaillierte Fahrpläne bieten die Tourist Infos vor Ort, die Herbergen und natürlich die Busunternehmen selber: National Express (siehe oben), First (www.firstgroup.com), Western Greyhound (www.westerngreyhound.com).

1 »Safe Journey« ist in England viel einfacher, weil vernünftiger gefahren wird. **2** Die Kanalpassage – empfohlen wird das Schiff.

Der Kanal

Wer am Niederrhein bei Duisburg geboren ist, wessen Weltbild in der Kindheit am Niederrhein geprägt wurde, der weiß Bescheid: England liegt linksrheinisch. Die Engländer und auch viele Deutsche wissen das nicht, ist aber so. Der Rhein fließt westlich von Rotterdam in die Nordsee und folgt dann der Strömung nach Norden Richtung Schottland. Also liegt England linksrheinisch. Dieser Strömung folgt auch schon vorher das Wasser im Ärmelkanal. Der ganze »Wasser-Trichter«, 180 km breit zwischen den Isles of Scilly und der Bretagne-Küste, aber nur 33 km breit in der Straße von Dover, ergießt sich durch dieses Nadelöhr in die Nordsee.
Diese Tatsache in Verbindung mit dem häufigen Nordwestwind bilden die Rahmenbedingungen, unter denen die Schlacht gegen die Spanische Armada 1589 nur so ausgehen konnte, wie sie ausging – zumindest in der Rückschau. Hinzu kommen ein mehrere Meter hoher Tidenhub und starke Strömungsgeschwindigkeit. Für Segelschiffe keine einfachen Bedingungen, für Frankreich eine Chance. Man setzt diese kinetische Energie, mittels Gezeitenkraftwerk in Rance, in elektrischen Strom um. Der Urlauber am Strand sollte gewarnt sein: wenn die Flut kommt, schnell in Sicherheit bringen. Und wenn man bei Ebbe von der Strömung erfasst wird: nicht dagegen arbeiten, einfach treiben lassen und hoffen!

Jahrhundertealtes Tunnelprojekt

Für Winston Churchill (1936) war »der Kanal keine Wasserstraße, sondern eine Weltanschauung«. Jahrhundertelang, nämlich zwischen Wilhelm dem Eroberer (1066) und Adolf Hitler (1940) hat dieser eiszeitliche Wassergraben vor Invasionen und Zerstörungen geschützt. Kein Wunder, dass zwischen 1802 (da wurden erste Pläne für einen Tunnel diskutiert) und 1987 (da wurden endgültige Grabungen geführt), die Hysterie vor einer Anbindung an den Kontinent grassierte. Mitte des 19. Jahrhunderts erklärte der damalige Premierminister Palmerston einem französischen Ingenieur: »Wir werden nicht an der Verkürzung einer Entfernung mitwirken, die ohnehin viel zu gering ist.«
Kein Wunder, Napoleon Bonaparte soll die Idee ein paar Jahrzehnte früher sehr interessant gefunden haben – der wäre vermutlich gern mit seinen französischen Soldaten unter den englischen Schiffen hindurchmarschiert. Queen Victoria und ihr deutscher Ehemann hätten den Tunnel sicher auch sehr genossen – die beiden wurden regelmäßig seekrank. Es ist direkt eine Ironie des Schicksals, dass ausgerechnet die europaskeptische Margaret Thatcher den Weg für die Vollendung dieses Projekts freimachte, ab 1987. Ihre zwei Bedingungen waren erfüllt: die private Finanzierung und die Tatsache, dass ein Projekt von solcher Dimension natürlich Prestige bringt. Seit der Einweihung 1994 stellt der Tunnel zwar die schnellere Verbindung als die Fähren, aber nicht die preiswertere. Außerdem verpasst man unter der Erde das Erlebnis, auf dem Wasser allmählich die Kreidefelsen bei Dover zu entdecken. Unter Thatcher machte der Tunnel aus dem Channel einen Chunnel – und aus der Insel nur noch eine Halbinsel.

Brittany Ferries

FANCY THAT OF LONDON
BIZARRE
The Comedy
8pm Tonight

Ein Tag im quirligen Bath rundet jede Englandreise wunderbar ab.

Register

Abbey Church of Saint Peter & Saint Paul 179
Agatha Christie Trail 61
Ägyptisches Haus 125
Aiken, Conrad 15
Alfriston 20
Alice im Wunderland 17
Allen, Ralph 176, 179
Alum Bay 28
Anning, Mary 46
Armada 65, 67, 72 f., 119
Austen, Jane 6
Avalon 161
Avery, John 114
Axmouth 46

Baggy Point 83
Barbara Hepworth Museum 143
Barbican 75
Barnstaple 39
Bath 167, 175 ff., 179 ff.
Battery Rocks 126
Bayard's Cove 65
Beachy Head 19, 21
Beacon Cove 61
Bedruthan Steps 151
Berry Head 63
Blackpool Sands 68 f
Blue Reef Aquarium 149
Boat Float 67
Bodiam Castle 15
Bodinnick 104
Bodmin Moor 112, 153
Boscastle 155, 157
Botallack Mine 131
Bournemouth 33, 37
Bridport 33
Brighton 18 ff.
Bristol 180
Bristol Channel 80
Britannia Royal Naval College 66, 69
Brixham 59, 61, 63, 65, 107
Brown Willy 101
Buckland Abbey 9, 72, 77, 93
Burra, Edward 14 f.
Butterwalk 67

Cadgwith 115
Caerhays 41, 103
Caerhays Estate 108
Camel Trail 153
Cape Cornwall 133, 135
Capstone Hill 82
Carisbrooke Castle 29, 36
Carrick Roads 108 f.
Carrol, Lewis 17
Carter, John 121
Cathedral Close 57, 163, 168
Charleston Farmhouse 21
Cheddar 161, 164
Cheddar Gorge 39, 164 f.
Christie, Agatha 59, 61, 66
Christie, Archie 61
Church Cove 112
Churchill, Winston 14, 27
Clovelly 87, 89
Colmer Hill 48
Combe Martin 79
Constable, John 171
Cook, James 74
Corfe Castle 36 f.
Cotehele 77
Cowes 28 f.
Crantock 148
Cromwell, Oliver 36, 93
Croyde 39
Cudden Point 121
Culver Cliffs 29

D-Day Musuem 25
Dartmoor 39, 71 f., 74 ff., 93
Dartmouth 41, 65 ff., 101, 107, 125,
Daymer Bay 153
Defoe, Daniel 114, 177
Devizes 180
Devon 75
Dickens, Charles 17
Dinosaurland Fosil Museum 49
Dodgson, Charles Lutwidge 17
Donkey Sanctuary Sidmouth 54, 57
Dorset 31, 33
Dover 6, 13, 15
Dover Castle 13, 15
Dozmary Pool 112
Dr. Syntax Head 135
Drake, Francis 6, 9, 23, 57, 62, 71 ff., 79, 93
du Maurier, Daphne 101, 103 f.
Duke of Kent 54
Durdle Door 42 f.
Durgan 111
Durlston Head 35

Earl of Salisbury 168
Eastbourne 17 ff., 34
Ebbor Gorge 39
Eden Project 8, 93, 98 f., 123
Endeavour 74
Engels, Friedrich 18, 27
Englische Riviera 59, 61, 107
Enys Dodnan 134
Exeter 53 ff.
Exmoor 39, 80
Exmouth 45

Falmouth 7, 107 f., 111
Fistral Beach 146, 148
Fowey 41, 87, 101 ff., 107, 114, 121, 125, 145, 151
Fowles, John 47
Freshwater Bay 27
Frobisher, Martin 71

Gateway to Cornwall 75
Geevor Tin Mine 135
Glastonbury 161 ff.
Glastonbury Abbey 162
Glendurgan 107, 109, 111, 117
Godrevy & Gwithian 143
Godrevy Point 145
Golden Cap 48
Golden Hind 62
Gorran Haven 108
Great Western 147
Greenway 61, 63, 66, 69
Gresham, Thomas 72
Guinevere 162
Gunwalloe 112
Gunwharf Quays 25
Gweek 112
Gwithian 145

Hall Farm 104
Hall Walk 104
Hamada, Shoji 140
Harald II. 14
Hartland Abbey 89
Hartland Point 42, 88
Hartland Quay 42, 87 ff.
Hastings 13 f.
Hawkins, John 71
Heinrich VIII. 24, 28, 56 f., 93, 102, 108, 121, 163
Heligan 41, 93 ff., 99, 103, 107
Helston 112
Hepworth, Barbara 140
Heritage Coast 48
Herstmonceux Castle & Observatory 21
Higher Ferry 66
Hildesheimer, Wolfgang 140
Hillsborough Hill 79
Hirst, Damien 82
Historic Dockyard 25
Hitler's Walk 108
HMS Bellerophone 63
HMS Northumberland 63
HMS Victory 23 f.
HMS Warrier 24
Hoares, Henry 171 f.
Holmes, Sherlock 75
Holywell 148
Hooker, Richard 56
Horatia 24
Housel Bay 41, 116
Hydroc 93
Ilfracombe 79 f., 82 f.

Irish Lady 135
Isle of Portland 35, 43
Isle of Purbeck 33, 36
Isle of Wight 23, 25, 27 f., 36

Jeake's House 14
Johanna 89
Jubilee Pool 126 f.
Jurassic Coast 41, 45 f., 54 f.

Kaiser Wilhelm II. 28
Kajaktouren 105
Karl I. 36
Kathedrale Salisbury 173
Kathedrale von Exeter 55 f.
Kathedrale von Wells 161 f., 165
Keigwin House 127
Kennet-und-Avon-Kanal 175, 180
Kimmeridge Bay 42
King George III. 54, 105
King John Lackland 168
Kingsley, Charles 79
Kingston Lacy 37
Kingswear 65 f.
Kokoschka, Oskar 105
König Artus 155 ff., 162
König Philipp II. 72
Kornische Riviera 107
Kynance Cove 41, 115 ff.

Ladram Bay 53 f.
Lady Bankes 36
Lady Emma Hamilton 24
Land´s End 42, 75, 111, 129, 133, 135
Lanhydrock House & Garden 9, 93, 99, 103
Lantern Hill 81
Leach Pottery 143
Leach, Bernhard 140
Lewes 21
Lister Gardens 48
Living Coasts 63
Lizard 112, 115 f., 119
Lizard-Halbinsel 41, 111, 115
Lizard Lighthouse 116
Lizard Point 111 f., 115 ff.
Loe-Bar 112
Loe-Pool 112
Logan Rock 129, 131
Longleat 173
Longship-Klippen 135
Looe 41

Lord Alfred Douglas 61
Lord Nelson 6, 23 f., 40, 59, 72
Lower Ferry 66 f.
Lulworth Cove 42
Lundy 83, 85
Lundy Island 83, 85
Lusty Glaze 147
Lyme 45 ff., 53
Lyme Regis 33, 41, 45
Lyme Regis Museum 49
Lynton 39
Lynton-Lynmouth 79

Marazion 119 ff., 126
Marconi Memorial 114
Marconi, Guglielmo 113 f.
Marsh, Romney 14
Marx, Karl 27
Mary Rose 24
Mayflower 65, 75
Meerenge des Solent 23
Mendip Hills 39, 164
Mevagissey 41, 87, 94, 96, 107 f., 125
Mevagissey Museum 107, 109
Minack Theatre 129 f.
Minehead 40 f.
Mole Hartland Quay 87
Morte Bay 83, 85
Morte Point 83 f.
Mortehoe 84
Mount's Bay 119
Mousehole 125 f.
Mullion Cove 41, 113, 115, 117
Mupe Bay 42
Museum of Smuggling and Fishing 105
Museum of Witchcraft 157

Napoleon Bonaparte 23 f., 59 f., 63
Nash, Paul 15
Nash, Richard 176 f
National Lobster Hatchery 152
National Maritime Museum 109
National Seal Sanctuary 112
Naval College 66, 69
Needles 27 f.
New Sarum 167
Newlyn 126, 139
Newquay 145 f., 151 f.
Nicholson, Ben 140
Norman Lockyer Observatory 57

Ohneland, Johann 168
Okehampton 39
Old Harbour 43
Old Harry Rocks 37, 40 f., 45
Old Sarum 167 f.
Oliver, Jamie 148
Osborne House 28 f.

Padstow 42, 102, 145, 151 ff.
Paignton 59, 65 f.
Pendennis Castle 108 f.
Pentire Point 152
Penwith-Halbinsel 125 f., 133
Penzance 119, 121, 125 f., 129, 133
Pepys, Samuel 176
Perranporth 148
Pilcher, Rosamunde 6, 104, 142
Plymouth 6, 23, 63, 71 ff., 93, 119
Plymouth Sound 74
Poldhu Cove 113 f.
Poldhu Point 113
Poley's Bridge 153
Polgoon Vineyard & Orchard 127
Polperro 41, 87, 101, 104 f., 107
Polruan 101, 104
Polurrian Cove 113 f.
Pool 45
Poole 37, 40
Pope, Alexander 172
Pordenack Point 134
Port Isaac 157
Porthcurno 129
Porthgwidden Beach 140
Porthleven 112
Porthmeor Beach 137 f.
Porthminster Beach 140 f.
Portsmouth 6, 23 f., 28
Praa Sands 123
Priddy 39
Prideaux Place 153
Princetown 77
Prinz Albert 29, 115
Prinz Andrew 66
Prinz Charles 28, 66, 97
Prinz Edward 66
Prinz Philip 29
Prior Park 179, 181
Prussia Cove 121, 123
Pulteney Bridge 180

Queen Elizabeth I. 71, 79
Queen Elizabeth II. 29
Queen Victoria 28 f., 35, 54, 66, 80

Rame-Halbinsel 105
Reading 180
Redruth 145
RHS Rosemoor 89
Richard Löwenherz 65
River Dart 69
Robartes, John 93 f.
Rock 153
Rockham Bay 84
Römische Bäder 181
Roseland-Halbinsel 109
Rowena Cade 130
Royal Anne 116
Royal Crescent 178 f.
Ryde 27
Rye 13 ff.

Saint's Way 102, 151, 153
Salisbury 167 f.
Salisbury Plain 167
Santayana, George 161
Schopenhauer, Arthur 176
Schopenhauer, Johanna 176
Scilly-Inseln 125
Seaford 19
Seven Bays 151
Seven Sisters 19 ff.
Shakespeare, William 19 f.
Shanklin Shine 27
Shaw, George Bernard 17, 29
Sherman Tank Memorial 68
Sidmouth 41, 53 f.
Sir Francis Drake 72
Sir John Bankes 36
Sir Richard Robartes 93 f.
Sir Walter Raleigh 71
Slapton Sands 68
Smeaton's Tower 74
Smit, Tim 96 f., 99
Solent 25, 28
South Downs Way 19 f., 39
South Quay 152
South West Coast Path (SWCP) 37, 39, 41, 83, 102, 115, 134, 151
Southsea 25
Southsea Castle 25
Spinnaker Tower 23, 25
St. Austel 8, 94, 97, 102
St. Ives 6, 42, 104, 120, 125, 133, 137 ff., 140 ff., 145
St. Just 133
St. Just-in-Roseland 109
St. Mawes Castle 108 f.
St. Michael's Mount 75, 119 ff., 133
St. Michael's Way 120
St. Nicolas Chapel 81
Stein, Rick 152 f.
Stevenson, Robert Louis 59
Stoke 88
Stoke Fleming 67 f.
Stonehenge 6, 46, 133, 167, 169 f., 173
Stourhead 167, 171 ff.
Streep, Meryl 47
Stuart Line Cruises 57
Studland Bay 37
Swanage 33 ff., 36 f., 42
SWCP 37, 39, 41, 83, 102, 115, 134, 151

T.S. Eliot 15
Tamar-Brücke 6
Tarka Trail 39, 83, 85
Tate St. Ives 143
Tennyson Walk 29
Tennyson, Alfred 59
Teufelsschlucht 20
The Cobb 46 f., 49, 53
The Hoe 73 f.
The Island 140
The Lost Garden of Heligan 93 ff., 99, 103, 107
The Mermaid Inn 15
Tintagel 155 f.
Tintagel Castle 155, 157
Tolcarne 147
Tor Bay 59
Torcross 41, 68
Torquay 41, 59 ff.
Torquay Museum 63
Totnes 66
Towan Beach 147
Towan Headland 147
Town Mill 49
Tramayne, Henry H. 95
Trebah 103, 107, 109, 111, 117
Trelissick 103, 107
Trerice 149
Trevose Head 151
Tunbridge Wells 21
Tunnels Beaches 82
Turner, William 28, 138
Tyneham Village 42

Ventnor 27
Verity 81 f.

Wadebridge 153
Wallis, Alfred 140 f.
Ward, Eric 140 f.
Wassermühle Town Mill 49
Watergate Bay 148
Watergate Bay Beach 149
Wells 39, 161, 163, 168
West Country 137
West Mendip Way 39
Westward Ho! 79
Weymouth 39, 42 f.
Whitesand Bay 135
Widecombe-in-the-Moor 77
Wilde, Oscar 59 ff.
Wilhelm der Eroberer 36, 120
William aus der Normandie 14
Wiltshire 167
Winchester 19, 39
Wood, John 176 ff.
Wookey Hole 39
Woolacombe Beach 80, 83
Woolf, Virginia 145

Impressum

Fotograf und Autor
Hartmut Pönitz bereist Südwestengland seit 2005. Nach einer handwerklichen Ausbildung studierte er Geologie und entdeckte dabei die Reisefotografie. Seit fast 20 Jahren hält er Multivisionsvorträge mit trockenem bis schwarzem Humor im In- und Ausland. Seine Bilder und Reportagen erscheinen in verschiedenen Magazinen, Kalendern und Büchern. Als Werbefotograf faszinieren Hartmut Pönitz u. a. die Themen Interiors (Hotels), Food und Gärten. Bei Bruckmann erschien von ihm 2008 das prämierte Handbuch für die Auszeit – »Der Jakobsweg«. Mehr Infos zu seiner Businessfotografie finden sich unter www.poenitz.de, zu seinen Vorträgen unter www.faszination-erde.de.

Verantwortlich: Stephanie Iber
Lektorat: Petra Sparrer, Köln
Projektmanagement:
Birgit Günther, Utting
Korrektorat: Birgit Günther, Utting
Umschlaggestaltung: Ulrike Huber, www.uhu-design.de, Kolbermoor
Layout: Werner Poll, Stephansposching
Repro: Repro Ludwig, Zell am See
Kartografie: Astrid Fischer-Leitl, München
Herstellung: Bettina Schippel
Printed in Italy by Printer Trento

Alle Angaben dieses Werkes wurden vom Autor sorgfältig recherchiert und auf den neuesten Stand gebracht sowie vom Verlag geprüft. Für die Richtigkeit der Angaben kann jedoch keine Haftung übernommen werden.

Bildnachweis
Alle Bilder des Innenteils und des Umschlags stammen, wenn nicht anders angegeben, von Hartmut Pönitz.

Unser komplettes Programm finden Sie unter
www.bruckmann.de

Umschlag
Vorderseite:
Gr. Bild unten: Romantisches Landhaus in Cadgwith auf der Halbinsel Lizard (Bildagentur Huber, Garmisch-Partenkirchen/Canali, P.);
oben von links nach rechts: die Parkanlage Lanhydrock mit Haus und Garten; Rhododendron-Blüte, bevor sie sich öffnet; Landschaftsmalerin oberhalb des Felsbogens Durdle Door, Dorset.
Rückseite:
Von links nach rechts: Das Haupt eines Riesen in den Verlorenen Gärten von Heligan; wilde Küste auf der Lizard-Halbinsel; Union Jack all over!

S. 1: Im Südwesten Englands kommt der Fisch »per Express«.

Die Deutsche Nationalbibliothek verzeichnet diese Publikation in der Deutschen Nationalbibliografie; detaillierte bibliografische Daten sind im Internet über http://dnb.d-nb.de abrufbar.

ISBN 978-3-7654-6795-0

★★★★★

Sind Sie mit diesem Titel zufrieden? Dann würden wir uns über Ihre Weiterempfehlung freuen. Erzählen Sie es im Freundeskreis, berichten Sie Ihrem Buchhändler oder bewerten Sie beim Onlinekauf. Und wenn Sie Kritik, Korrekturen, Aktualisierungen haben, freuen wir uns über Ihre Nachricht an den Bruckmann Verlag, Postfach 40 02 09, 80702 München oder per E-Mail an lektorat@verlagshaus.de.